高等职业教育土木建筑类专业新形态教材

建筑工程资料管理实训
（第3版）

主　编　王丽群　朱　锋
副主编　杨红楼　唐亚男
参　编　杨玉清　邓春瑶

北京理工大学出版社
BEIJING INSTITUTE OF TECHNOLOGY PRESS

内 容 提 要

本书根据《建设工程文件归档整理规范》(GB/T 50328—2014)、《建筑工程资料管理规程》(JGJ/T 185—2009)等规范及规程编写而成。全书实训共分7个部分，主要内容包括：建筑工程准备阶段资料、建设监理资料、建筑工程施工管理资料、地基与基础分部工程资料、主体结构分部工程资料、建筑屋面分部工程资料、建筑装饰装修分部工程资料等。

本书可作为高职高专院校建筑工程技术等相关专业的教材，也可供工程资料编制与管理人员及其他相关技术人员参考使用。

版权专有　侵权必究

图书在版编目（CIP）数据

建筑工程资料管理实训 / 王丽群，朱锋主编 . —3版. —北京：北京理工大学出版社，2023.1重印

ISBN 978-7-5682-6644-4

Ⅰ.①建… Ⅱ.①王… ②朱… Ⅲ.①建筑工程－技术档案－档案管理－高等学校－教材 Ⅳ.①G275.3

中国版本图书馆CIP数据核字（2019）第009961号

出版发行 /	北京理工大学出版社有限责任公司
社　　址 /	北京市海淀区中关村南大街5号
邮　　编 /	100081
电　　话 /	（010）68914775（总编室）
	（010）82562903（教材售后服务热线）
	（010）68944723（其他图书服务热线）
网　　址 /	http://www.bitpress.com.cn
经　　销 /	全国各地新华书店
印　　刷 /	北京紫瑞利印刷有限公司
开　　本 /	787毫米×1092毫米　1/16
印　　张 /	15
字　　数 /	352千字
版　　次 /	2023年1月第3版第2次印刷
定　　价 /	42.00元

责任编辑 / 张旭莉
文案编辑 / 张旭莉
责任校对 / 周瑞红
责任印制 / 边心超

图书出现印装质量问题，请拨打售后服务热线，本社负责调换

第3版前言

建筑工程资料是构成整个建设工程完整历史的基础信息，是工程竣工验收的必备条件，是工程建设不可或缺的技术档案，是工程检查、维修、管理、使用、改建、扩建的重要依据，是保证工程建设"百年大计"的见证材料。一个质量合格的工程项目必须要有一份内容齐全、原始技术资料完整、文字记载真实可靠的技术资料。

"建筑工程资料管理实训"作为高职高专院校土建类相关专业的实训指导课程，主要目的是培养学生实际编制、管理建筑工程资料的能力。通过本课程的学习，学生应了解建筑工程资料的分类、组成，熟悉工程资料管理的基本流程，掌握建筑工程资料的编写方法，了解工程资料归档的程序。

本书第1、2版自出版发行以来，深受广大师生的喜爱，但随着国家对建筑工程施工质量验收等相关标准规范的不断修订完善，书中部分内容已不能满足当前建筑工程资料编制与管理工作的需要，也不再适应目前高职高专院校教学工作的需求，因此，我们组织了相关专家、学者对本书进行了修订。

本次修订继续以建筑工程资料编制工作的展开为主线，结合最新建筑工程资料编制与建筑工程施工质量验收标准规范进行，通过对建筑工程资料相关表格进行填写示例，帮助学生了解建筑工程资料的管理职责、形成过程及管理要求，掌握建筑工程资料的填写、收集、整理、组卷及归档方法，从而更好地满足高职高专院校培养面向生产第一线的应用型人才的需要，进一步强化了本书的实用性和可操作性，进一步提升学生的实践能力和动手能力。

本书修订后共分为7个实训项目，分别从建筑工程准备阶段资料、建设监理资料、建筑工程施工管理资料、地基与基础分部工程资料、主体结构分部工程资料、建筑屋面分部工程资料、建筑装饰装修分部工程资料等，系统介绍了建筑工程资料的编制实例与管理方法，具有很强的实用性。

本书由北京京北职业技术学院王丽群、济南工程职业技术学院朱锋担任主编，鄂尔多斯职业学院杨红楼、四川科技职业学院唐亚男担任副主编，内蒙古建筑职业技术学院杨玉清、呼伦贝尔学院邓春瑶参与编写。具体编写分工为：王丽群编写实训1、实训6，朱锋编写实训3，杨红楼编写实训4，唐亚男编写实训5，杨玉清编写实训2，邓春瑶编写实训7。

本书修订过程中，参阅了国内同行的多部著作，部分高职高专院校的老师也提出了很多宝贵的意见供我们参考，在此表示衷心的感谢！对于参与了本书第1、2版编写但未参与本次修订的老师、专家和学者，本次修订的所有编写人员向你们表示敬意，感谢你们对高职高专教育教学改革作出的不懈努力，希望你们对本书保持持续关注并多提宝贵意见。

本书虽经反复讨论修改，但限于编者的学识及专业水平和实践经验，修订后的图书仍难免有疏漏和不妥之处，恳请广大读者指正。

编　者

第 2 版前言

建筑工程资料的编制与管理是一个庞大的系统工程。从工程准备到竣工验收，建筑工程资料的编制与管理工作始终贯穿其中，不仅要搜集大量的数据与资料，还要填写完成大量的表格。建筑工程资料的分类与编号都有严格的规定，各参建单位必须按照统一的分类与编号原则来规范自己的建筑工程资料。对于广大建筑工程施工管理人员（如项目经理、技术负责人、施工员、资料员、质检员、材料员等）来讲，进行建筑工程资料的填写、收集、整理、组卷和归档是建筑工程项目管理的重要内容之一。

《建筑工程资料管理实训》作为高职高专院校建筑工程技术施工方向相关专业的实训指导用书，主要通过对建筑工程资料相关表格进行填写示例，帮助学生了解建筑工程资料的管理职责、形成过程及管理要求，掌握建筑工程资料的填写、收集、整理、组卷及归档方法。

本书第1版自出版发行以来，深受广大师生的喜爱。随着建筑工程资料编制方面的相关标准规范的颁布实施，如《建筑工程资料管理规程》（JGJ/T 185—2009）、《建设工程施工现场安全资料管理规程》（CECS 266—2009）等，本书第1版中的一些内容已不能满足当前建筑工程资料编制与管理工作的需要，也不再适应目前高职高专教学工作的需求，因此，我们组织了相关专家、学者对本书进行了修订。

本书的修订以最新标准规范为依据，以建筑工程资料编制工作的展开为主线。修订后不仅对建筑工程资料的分类原则与编号规则进行了详细介绍，还对广大学生应怎样填写大量的工程资料表格进行了必要的指导。修订时将看似纷乱复杂的建设工程资料编制与组卷方面的问题梳理成了更加有机的条文，并回答了一些建筑工程资料编制与管理过程中的实际问题，诸如建筑工程资料包括哪些内容，这些工程资料由哪些单位积累、收集、完成，如何收集这些资料，对这些工程资料如何立卷、归档，工程资料积累过程中应注意哪些问题以及各参建单位在建筑工程资料管理过程中的职责等。具体到表格填写方面，本书更加明确了谁来填写表格，填写哪些表格，如何填写这些表格（包括根据什么填写这些表格，填表的流程是什么，填表的要求是什么），表格还需要哪些附件，填写完成的表格送交哪里以及填写表格的注意事项等内容。

通过修订，进一步强化了本书的实用性和可操作性，坚持以理论知识够用为度，培养面向生产第一线的应用型人才为目的，进一步提升了学生的实践能力和动手能力，更好地满足高职高专院校教学工作的需要。

本书由王丽群、朱锋、李庚担任主编，彭海英、苏丽珠、孔庆健、赵霞担任副主编。

本书修订过程中，参阅了国内同行的多部著作，部分高职高专院校的老师也对本书提出了很多宝贵意见，在此向他们表示衷心的感谢！也向参与本书第1版编写但未参加本次修订的老师、专家和学者，本书第2版的所有编写人员表示敬意，感谢他们对高等职业教育改革事业所做出的不懈努力。

限于编者专业水平和实践经验，本书修订后仍难免有疏漏或不妥之处，恳请广大读者指正。

编 者

第1版前言

建筑工程资料的管理对保证工程竣工验收、维护企业经济效益和社会信誉、保证工程规范化、开发利用企业资源具有重要意义。所谓建筑工程资料是指在工程建设过程中形成的各种工程信息资料,并按一定原则分类、组卷,最后移交城建档案管理部门归档的整个工程建设的历史记录。建筑工程资料是构成整个建设工程完整历史的基础信息,是工程建设不可或缺的技术档案,是工程检查、维修、管理、使用、改建、扩建的重要依据,是保证工程建设"百年大计"的见证材料。

"建筑工程资料管理实训"作为高职高专院校土建学科相关专业的实训指导课程,主要目的是培养学生实际编制、管理建筑工程资料的能力。通过本教材的学习,学生应了解建筑工程资料的分类、组成,熟悉工程资料管理的基本流程,掌握建筑工程资料的编写方法,了解工程资料归档的程序。

本教材共分为八章,分别从建筑工程资料管理概述、建筑工程质量验收、工程管理与技术资料、地基与基础工程资料、主体结构工程资料、屋面工程资料、建筑装饰装修工程资料、建设工程文件归档管理等方面介绍了建筑工程资料的编制实例与管理方法,具有很强的实用性。

本教材的编写秉承高职高专院校的办学指导思想,以促进就业为目标,实行多样、灵活、开放的人才培养模式,把教育教学与生产实践、社会服务、技术推广结合起来,加强实践教学和就业能力的培养。使学生在掌握基础理论知识和专门知识的基础上,重点训练从事本专业领域实际工作的基本能力和基本技能,从而成为技术应用能力强、知识面宽、素质高的应用型人才。

本教材在内容组织上,注重原理性、基础性、现代性,强化学习概念和综合思维,有助于知识与能力的协调发展。另外,本教材资料全面,理论与实践相结合,注重与国家现行标准、规范相结合,力求知识性、权威性、前瞻性和实用性。

为方便学生学习,教材中对各分项工程的相关表格进行了实例解析与填写,使学生在学习时可掌握各分项工程资料的整体情况,正确填写工程建设用表,熟悉、了解建筑工程资料管理工作的实际情况。

本书由王丽群、朱锋担任主编。本书在编写过程中参阅了国内同行多部著作,部分高职高专院校教师也对教材的编写工作提出了很多宝贵意见和建议,在此表示衷心的感谢!

本教材的编写虽经反复推敲、核证,但限于编者的专业水平和实践经验,仍难免有疏漏或不妥之处,恳请广大读者指正。

编　者

目录

实训1　建筑工程准备阶段资料 …………1
　第一节　决策立项文件 ………………1
　第二节　建设用地文件 ………………5
　第三节　勘察设计文件 ………………8
　第四节　招投标及合同文件 …………12
　第五节　开工文件 ……………………16

实训2　建设监理资料 …………………23
　第一节　监理管理资料 ………………23
　第二节　监理进度控制资料 …………28
　第三节　质量控制资料 ………………33
　第四节　造价控制资料 ………………36
　第五节　合同管理资料 ………………39
　第六节　监理验收资料 ………………41

实训3　建筑工程施工管理资料 ………44
　第一节　施工资料 ……………………44
　　一、施工管理资料实训 ……………44
　　二、施工技术管理资料实训 ………56
　　三、施工进度造价资料 ……………66
　第二节　质量控制资料 ………………77
　　一、施工物资资料 …………………77
　　二、施工记录资料 …………………82
　第三节　施工验收资料 ………………87
　　一、施工质量验收资料 ……………87
　　二、竣工验收资料 …………………94

实训4　地基与基础分部工程资料 ……105
　第一节　地基与基础分部工程中分项
　　　　　工程、检验批的划分 ………105
　第二节　地基与基础分部工程资料
　　　　　填写 …………………………106

实训5　主体结构分部工程资料 ………151
　第一节　主体结构分部工程中分项工程、
　　　　　检验批的划分 ………………151
　第二节　主体结构分部工程资料填写 …152

实训6　建筑屋面分部工程资料 ………196
　第一节　建筑屋面分部工程中分项工程、
　　　　　检验批的划分 ………………196
　第二节　建筑屋面分部工程资料填写 …196

实训7　建筑装饰装修分部工程资料 …212
　第一节　建筑装饰装修分部工程中分项
　　　　　工程、检验批的划分 ………212
　第二节　建筑装饰装修分部工程资料
　　　　　填写 …………………………213

参考文献 ………………………………232

实训 1 建筑工程准备阶段资料

第一节 决策立项文件

实训引言

决策立项文件是指建设单位为了让工程项目获得发展改革部门批准,在项目实施以前所提交的文件。其包括项目建议书、可行性研究报告等。决策立项文件属于 A1 类,主要包括 7 项内容,其工程资料名称、来源及保存详见表 1-1。

表 1-1 决策立项文件

序号	决策立项文件	提供单位	工程资料类别
1	项目建议书	建设单位	
2	项目建议书的批复文件	建设行政管理部门	
3	可行性研究报告及附件	建设单位	
4	可行性研究报告的批复文件	建设行政管理部门	A1 类
5	关于立项的会议纪要、领导批示	建设单位	
6	工程立项的专家建议资料	建设单位	
7	项目评估研究资料	建设单位	

实训内容及要求

(一)项目建议书

项目建议书又称立项申请,是项目建设筹建单位或项目法人,根据国民经济的发展、国家和地方中长期规划、产业政策、生产力布局、国内外市场、所在地的内外部条件,提出的某一具体项目的建议文件,是对拟建项目提出的框架性的总体设想。项目建议书由建设单位自行编制或委托其他有相应资质的咨询或设计单位编制。

1. 项目建议书的编制要求

(1)项目建议书通常由政府部门、全国性专业公司及现有企事业单位或新组成的项目法人提出。

(2)项目建议书的编制通常由建设单位项目法人委托有专业经验的咨询单位、设计单位完成。

(3)依据现行有关标准规定，建设项目是指一个总体设计或初步设计范围内，由一个或几个单位工程组成，经济上统一核算，行政上实行统一管理的建设单位。因此，凡在一个总体设计或初步设计范围内经济上统一核算的主体工程、配套工程及附属设施，应编制统一的项目建议书；在一个总体设计范围内，经济上独立核算的各个工程项目，应分别编制项目建议书；在一个总体设计范围内的分期建设工程项目，也应分别编制项目建议书。

2. 基市建设项目的编制内容

基本建设工程项目建议书的编制内容主要包括以下几个方面：

(1)建设项目提出的必要性和依据。
(2)产品方案、拟建规模和建设地点的初步设想。
(3)资源情况、建设条件、协作关系和设备技术引进国别、厂商的初步分析。
(4)投资估算、资金筹措及还贷方案设想。
(5)项目的进度安排。
(6)经济效果和社会效益的初步估计，包括初步的财务评价和国民经济评价。
(7)环境影响的初步评价，包括治理"三废"措施、生态环境影响的分析。
(8)结论。
(9)附件。

3. 项目建议书的审批

项目建议书编制完毕后，应按照国家颁布的有关文件规定及审批权限情况申请立项审批。目前，项目建议书要按现行的管理体制与隶属关系分级审批。原则上，按隶属关系，经主管部门提出意见，再由主管部门上报，或与综合部门联系上报，或分级上报。

(二)项目建议书的批复文件

项目建议书的批复文件是建设单位的上级主管单位或国家有关主管部门(一般是发展和改革部门)对该项目建议书的批复文件。

项目建议书的批复文件内容主要包括以下几个方面：

(1)建设项目名称。
(2)建设规模及主要建设内容。
(3)总投资及资金来源。
(4)建设年限。
(5)批复意见说明、批复单位及时间。

(三)可行性研究报告及附件

1. 可行性研究报告的概念及主要内容

可行性研究报告是由项目法人通过招投标或委托等方式，确定有资质的和相应等级的设计或咨询单位承担，对项目建议书从技术和经济角度全面进行分析与论证而作出的最佳实施方案。可行性研究报告可由建设单位委托有资质的工程咨询单位编制。

可行性研究报告的内容主要包括以下几个方面：

(1)项目的意义和必要性,国内外现状和技术发展趋势及产业关联度分析,市场分析。

(2)项目的技术基础:成果来源及知识产权情况;已完成的研究开发工作及重视情况和鉴定年限;技术或工艺特点,与现有技术或工艺比较所具有的优势;该重大关键技术的突破对行业技术进步的重要意义和作用。

(3)建设方案、规模、地点。

(4)技术特点、工艺技术路线、设备选型及主要技术经济指标。

(5)原材料供应及外部配套条件落实情况。

(6)环境污染防治。

(7)建设工期和进度安排。

(8)项目实施管理、劳动定员及人员培训。

(9)项目承担单位或项目法人所有制性质及概况(销售收入、利润、税金、固定资产、资产负债率、银行信用等),项目负责人和团队构成基本情况。

(10)投资估算及明细,国拨资金使用明细(原则上不可用于人员工资、差旅费、会议费等事务性支出),资金筹措方式,贷款偿还计划,所需流动资金来源。

(11)项目内部收益率、投资利润率、投资回收期、贷款偿期等指标的计算和评估。

(12)经济效益和社会效益分析。

(13)项目风险分析。

2. 可行性研究工作程序

从接到建设项目前期工作通知书,到建设项目正式立项,可行性研究工作程序如图1-1所示。

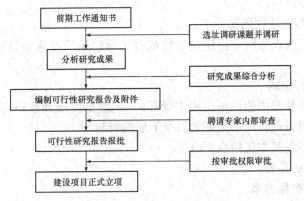

图1-1 可行性研究工作程序

3. 可行性研究报告附件

可行性研究报告附件主要包括:项目单位营业执照、税务登记证、组织机构代码证复印件;银行承贷证明(如果有贷款)文件(省分行以上);开户行出具的企业自有资金证明文件(对账单无效);地方、部门配套资金及其他资金来源证明文件;近三年财务报表;前期科研成果证明材料(省部级科技成果鉴定材料、专利证书或其他证明材料);材料真实性声明;有关部门出具的产品生产许可证明文件(医药、生物、农药等);企业自筹资金承诺书;房屋租赁协议或产权证明复印件;法人授权委托书;被授权人员身份证复印件;申请金额超过500万元,附招标登记表。

(四)可行性研究报告的批复文件

大中型项目由国家发展和改革委员会或由国家发展和改革委员会委托的有关单位审批;小型项目分别由行业或国家有关主管部门审批;建设资金自筹的企业大中型项目由城市发展与改革委员会审批,报国家及有关部门备案;地方投资的文教、卫生事业的大中型项目由城市发展和改革委员会审批。

可行性研究报告的批复文件主要包括以下内容:

(1)建设项目名称。

(2)建设单位名称。

(3)项目建设的必要性。

(4)项目选址和建设条件。

(5)功能定位。

(6)建设内容和规模。

(7)项目总平面布置。

(8)市政公用及配套。

(9)总投资与资金来源。

(10)批复意见说明、批复单位及时间。

可行性研究报告的写作要求

(五)关于立项及项目评估的研究资料

1. 关于立项的会议纪要、领导批示

关于立项的会议纪要是由建设单位或其上级主管部门召开研究会议后形成的文件,并由相关领导作出批示。

2. 工程立项的专家建议资料

工程立项的专家建议资料是由建设单位或有关部门组织专家会议后所形成的有关建议性方面的文件。

3. 项目评估研究资料

项目评估研究资料是由建设单位或主管部门(一般是发展和改革部门)组织会议,对该项目的可行性研究报告进行评估论证之后所形成的资料。

项目评估研究资料基本包括以下内容:

(1)项目建设的必要性。

(2)建设规模和产品方案。

(3)厂址(地址或路线规划方案)。

(4)建设工程的方案和标准。

(5)工艺、技术和设备的先进性、适用性和可靠性;外部协作配备项目和配合条件。

(6)环境保护、投资结算及投资来源。

(7)国民经济评价。

(8)财务评价。

(9)不确定性分析。

(10)社会效益评价。

(11)项目总评估。

第二节 建设用地文件

 实训引言

建设用地文件属于 A2 类，主要包括 6 项内容，其工程资料名称、来源及保存详见表 1-2。

表 1-2　建设用地文件

序号	建设用地文件	提供单位	工程资料类别
1	选址申请及选址规划意见通知书	建设单位规划部门	A2 类
2	建设用地批准文件	土地行政管理部门	
3	拆迁安置意见、协议、方案等	建设单位	
4	建设用地规划许可证及其附件	规划行政管理部门	
5	国有土地使用证	土地行政管理部门	
6	划拨建设用地文件	土地行政管理部门	

 实训内容及要求

1. 工程项目选址申请

在城市规划区域内进行建设项目，申请人应根据申请条件、依据，向城市规划管理部门提出选址申请，并填写申请表。建设项目选址申请表样式详见表 1-3。

表 1-3　建设项目选址申请表

申请单位(盖章)		联系人(电话)	
项目名称		拟建设地点	
		拟用地面积	
项目性质		建设规模	
项目情况	主要内容包括项目建设理由，用地现状与建设规模，供水与能源的需求量，采取的运输方式与运输量，以及废水、废气、废渣的排放方式和排放量。		
相关单位意见	镇(街道)政府	国土部门(供地方式)意见	区环保局意见
备注			规划管理科 年　月　日

2. 选址规划意见通知书

建设单位的工程项目选址申请经城市规划管理部门审查符合相关法规标准的,当即收取申请材料,并填写"建设工程选址规划意见通知书"两份,一份加盖收件专用印章后交申请人,另一份连同申请材料装袋,填写移交单后移交给相关管理部门。"建设工程选址规划意见通知书"由城市规划主管部门下发,其样式详见表1-4。

表1-4 建设工程选址规划意见通知书

你单位申报的_____工程,经研究同意在_____选址。请按下列要点征求有关部门意见及进行规划审批前期工作: 一、用地范围:东:_____;西:_____;   　　　　　　南:_____;北:_____;   二、用地面积约:_____。   (其中代征城市公共用地面积约_____)   三、建设内容:_____。   四、建设规模:_____平方米,_____层。   五、其他   ××县规划局   年　月　日
土地管理部门对征用土地的意见: (盖章)   年　月　日
动迁管理部门对动迁安置的意见: (盖章)   年　月　日

3. 建设用地规划许可证及附件

(1)规划用地申请。建设单位持已批准的建设项目立项的有关证明文件,向城市规划管理部门提出用地申请,填写申请表。"建设用地规划许可证申请表"样式,见表1-5。需要准备好的相关文件有:计划主管部门批准的征用土地计划,土地管理部门的拆迁安置意见,地形图和规划管理部门的选址意见书以及要求取得的有关协议、意向书等文件和图样。填写的申请表要加盖建设单位和申报单位公章。经审查符合申报要求的用地申请,由相关部门颁发"建设用地规划许可证立案表",作为取件凭证。

表1-5 建设用地规划许可证申请表

项目总编号:　　　　　　　编　　号:　　　　　　　地证申字(　　)号
收 件 人:　　　　　　　收件日期:　　　　　　　　年　月　日

建设单位（盖章）	单位名称					
	单位地址					
	邮政编码		法定委托人		电话	
	法人代表或单位负责人				电话	
建设工程计划	申请用地类型	□新申请用地□迁建用地□原地扩建用地□改变用地性质□出让转让用地				
	项目名称					
	批准机关				批准文号	
	投资总额	万元	当年投资	万元	建筑面积	m²
	项目等级	□国家重点　□省重点　□市重点　□一般工程				
	建设工程性质	□住宅(□商品房□经济适用房)□行政办公□商业金融□文化娱乐□体育□医疗卫生□大专院校□科研设计□中小学□幼托□工业□仓储库场□市政公用设施□其他				
申请用地现状情况	用地位置				用地面积	m²
	建设用地四至范围	东:		南:		
		西:		北:		
	现状情况	使用单位		用地面积		
		用地性质		土地权属	□集体　□国有	
		现状建筑情况（类别、面积）				
		市政设施（地上、地下）				
		保护设施		其他		
选址意见书编号		地选字(　)号	规划设计要求通知书编号		规要通字(　)号	

(2)建设用地规划许可证。规划管理部门根据城市总体规划的要求和建设项目的性质、内容,以及选址定点时初步确定的用地范围界限,提出规划设计条件,核发建设用地规划许可证。建设用地规划许可证是确定建设用地位置、面积、界限的法定凭证。

4. 国有土地使用证

《国有土地使用证》是证明土地使用者(单位或个人)使用国有土地的法律凭证,受法律保护。《国有土地使用证》是住宅不动产的物权的组成部分,由国有土地管理部门办理。土

地登记申请人(使用者)应持有关土地权属来源证明相关材料,向国土资源局提出申请,申请程序如下:

(1)土地登记申请。

1)有关宗地来源的政府批复及批准文件,建设用地许可证,提交国有土地使用权通过招标、拍卖、协议等形式进行操作程序中有效性的相关土地权属材料。

2)因买卖、继承、赠予等形式取得土地使用权的,提交买卖、继承、赠予土地使用权转让协议书和公证书,原土地使用的国有土地使用证书。

3)提交土地登记申请人的身份证、户口簿,企事业单位的土地使用者应提交土地登记法人证明书和组织机构代码证、法人身份证。

(2)地籍调查。对土地登记申请人的土地采取实地调查、核实、测量、绘制宗地草图及红线图,查清土地的位置、权属性质、界线、面积、用途及土地使用者的有关情况,并要求宗地四至邻居界线清楚、无争议,确认后签字盖章。

(3)土地权属审核。土地登记机关对土地使用者提交的土地登记申请书、权属来源材料和地籍调查结果进行审核,决定对申请土地登记的使用者土地权属是否准予登记的法律程序。

(4)颁发国有土地使用权证书。

第三节　勘察设计文件

实训引言

勘察设计文件属于 A3 类,主要包括 9 项内容,其工程资料名称、来源及保存详见表 1-6。

表 1-6　勘察设计文件

序号	勘察设计文件	提供单位	工程资料类别
1	岩土工程勘察报告	勘察单位	A3 类
2	建设用地钉桩通知单(书)	规划行政管理部门	
3	地形测量和拨地测量成果报告	测绘单位	
4	审定设计方案通知书及审查意见	规划行政管理部门	
5	审定设计方案通知书要求征求有关部门的审查意见和要求取得的有关协议	有关部门	
6	初步设计图及设计说明	设计单位	
7	消防设计审核意见	公安机关消防机构	
8	施工图设计文件审查通知书及审查报告	施工图审查机构	
9	施工图及设计说明	设计单位	

(一)岩土工程勘察报告

1. 工程地质勘察

对于一个建设项目,为查明建筑物的地质条件而进行的综合性的地质勘察工作,称为工程地质勘察。其一般分为以下四个阶段:

(1)选址勘察阶段。 此为第一阶段,其任务是对拟选场地的稳定性和适宜性作出评价。

(2)初步勘察阶段。 此为第二阶段,其任务是对建设场地内建设地段的稳定性作出评价。

(3)详细勘察阶段。 此为第三阶段,其任务是对建筑地基作出工程地质评价,并为地基基础设计、地基处理与加固、不同地质现象的防治工程提供工程地质资料。

(4)施工勘察阶段。 此为第四阶段,其任务是对工程地质条件复杂或有特殊施工要求的建筑地基进行进一步的勘察工作。

2. 工程地质勘察报告

工程地质勘察报告是由建设单位委托勘察设计单位勘察形成的,成果包含文字部分与图表部分。其具体包括以下内容:

(1)文字部分主要包括前言、地形、地貌、地层结构、含水层构造、不良地质现象、土的冻结深度、地震烈度、对环境工程地质的变化进行预测等。

(2)图表部分包括工程地质分区图、平面图、剖面图、勘探点平面位置图、钻孔柱状图以及不良地质现象的平剖面图、物探剖面图和地层的物理力学性质、试验成果资料等。

(二)建设用地钉桩通知单(书)

规划行政主管部门在核发规划许可证时,应当向建设单位一并发放"建设用地钉桩通知单(书)"。建设单位在施工前应当向规划行政主管部门提交填写完整的"建设用地钉桩通知单(书)",规划行政主管部门应当在收到上报的验线申请后3个工作日内组织验线。经验线合格后方可施工。其表格样式见表1-7。

表1-7 建设用地钉桩通知单(书)

工程名称		许可证号	
建设单位		涉及图幅号	
施工单位		钉桩时间	
建设项目钉线情况说明			
附图			
现场签名	建设单位代表	施工单位代表	规划院代表	规划局代表

(三)地形测量和拨地测量成果报告

工程准备阶段的工程测量工作按工作程序和作业性质分类主要可分为地形测量和拨地测量两类。测量成果报告是征用土地的依据性文件,也是工程设计的基础资料。

(1)地形测量。地形测量是指建设用地范围内的地形测量,包括地貌、水文、植被、建筑物和居民点。

(2)拨地测量。征用的建设用地要进行位置测量、形状测量和确定四至,一般称为拨地测量。拨地测量一般采用解析实钉法。

测量报告的内容包括拨地条件、成果表、工作说明、略图、条件坐标、内外作业计算记录等资料,并将拨地资料和定线成果展绘在1∶1 000或1∶500的地形图上,建立图档。

(四)设计文件

设计文件由设计单位形成,建设项目主管部门对有设计能力的单位或者中标单位提出委托设计的委托书,建设单位和设计单位签订设计合同。根据工程建设项目在审批、施工等方面对设计文件深度要求的变化,形成以下设计文件。

1. 审定设计方案通知书及审查意见

审定设计方案通知书及审查意见由规划行政管理部门形成。设计方案通知书规定了规划设计的条件,主要包括以下内容:

(1)用地情况。

(2)用地的主要性质。

(3)用地的使用度。

(4)建设设计要求。

(5)市政设计要求。

(6)市政要求。

(7)其他应遵守的事项。

2. 有关部门的相关协议

有关部门对审定设计方案通知书的审查意见和要求取得的有关协议,分别由人防、环保、消防、交通、园林、市政、文物、通信、保密、河湖、教育等部门审批形成。

3. 初步设计图及设计文件

初步设计图样主要包括总平面图、建筑图、结构图、给水排水图、电气图、弱电图、采暖通风及空气调节图、动力图、技术与经济概算等。初步设计说明由设计总说明和各专业的设计说明书组成。设计总说明一般应包括下列几个方面的内容:

(1)工程设计的主要依据。

(2)工程设计的规模和设计范围。

(3)设计的指导思想和设计特点。

(4)总指标。

(5)需提请在设计审批时解决或确定的主要问题。

4. 消防设计审核意见

消防设计审核意见由消防机构审批形成。

5. 施工图设计文件审查通知书及审查报告

(1)工程施工图设计文件审查申请表。施工图会审前应填写"工程施工图设计文件审查申请表",见表1-8。

表1-8 工程施工图设计文件审查申请表

工程名称				
工程概况	地址			
	建筑面积		总投资	
	建筑层数		建筑高度	
建设单位	名称			
	地址		邮编	
	联系人		联系电话	
设计单位	名称		证书编号	
	联系人		联系电话	
设计合同	合同编号		设计费	
	签订日期		已付费用	
需同时提交的文件、材料:				

(2)施工图审查记录。图纸会审前,甲方代表应组织各专业专家对施工图进行审查,并填写"施工图审查记录",经工程技术主管审核后保存,详见表1-9。

表1-9 施工图审查记录

工程名称:　　　　　　　　　　　　　　　　　　　　　编号:

专业类别		审查人		时间	
审核人				时间	
施工图中存在的问题					
钻灌桩的桩长超标					

6. 施工图及设计说明

建筑施工图就是建筑工程上所用的一种能够非常准确地表达出建筑物的外形轮廓、大小尺寸、结构构造和材料做法的图样,它是房屋建筑施工的依据。施工图及设计说明由设计单位形成。

施工图主要包括以下几个方面的内容:

(1)总平面图。

(2)建筑物、构筑物和公用设施详图。

(3)工艺流程和设备安装图等工程建设、安装、施工所需的全部图纸。

(4)施工图设计说明。

(5)结构计算书、预算书和设备材料明细表等文字材料。

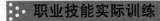

训练 1 编制"工程施工图设计文件审查申请表",见表 1-10。

表 1-10 工程施工图设计文件审查申请表

编号:×××

工程概况	工程名称	××公寓		
	地址	××市××区××路××号		
	建筑面积	56 600 m²	总投资	43 456 万元
	建筑层数	地上26层,地下4层	建筑高度	90 m
建设单位	名称	××房地产开发有限公司		
	地址	××市××区××路××号	邮编	××××××
	联系人	×××	联系电话	××××××××
设计单位	名称	×××建筑设计院	证书编号	××××××
	联系人	×××	联系电话	××××××××
设计合同	合同编号	×××××××	设计费	××万元
	签订日期	××年×月×日	已付费用	××万元

需同时提交的文件、材料:
(1)方案设计、初步设计批准文件和规划、消防、人防、环保、卫生、地震等专业管理部门审查意见;
(2)完整的施工图设计文件(蓝图)一式两份(待审查合格后加送原蜡纸图一份以盖审查合格章);
(3)结构计算书和计算软件名称及授权序号、结构计算数据软盘;
(4)设计合同一份(复印件);
(5)消防设计专篇说明。

第四节 招投标及合同文件

招投标及合同文件属于 A4 类,主要包括 8 项内容,其工程资料名称、来源及保存见表 1-11。

表 1-11　招投标及合同文件

序号	招投标及合同文件	提供单位	工程资料类别
1	勘察招投标文件	建设单位、勘察单位	A4 类
2	勘察合同	建设单位、勘察单位	
3	设计招投标文件	建设单位、设计单位	
4	设计合同	建设单位、设计单位	
5	监理招投标文件	建设单位、监理单位	
6	委托监理合同	建设单位、监理单位	
7	施工招投标文件	建设单位、施工单位	
8	施工合同	建设单位、施工单位	

实训内容及要求

（一）勘察招投标文件

建设项目的招标投标是建设市场中建设单位遵循公开、公平、公正和诚实信用的原则，选择承包商的主要方式。招标和投标既是双方互相选择的过程，又是承包商互相竞争的过程。

对拟建工程项目，建设单位招请具备法定资格的承包商投标，称为"招标"；经资格审查后取得招标文件的承包商填写标书，提出报价和其他有关文件，在限定的时间内送达招标单位，称为"投标"。招投标文件包括勘察设计招投标文件、监理招投标文件和施工招投标文件。这些招投标文件由建设单位与勘察、设计、施工、监理单位形成。

项目进行招标投标应具备以下条件：

(1)勘察招投标文件。实行勘察招标的建设项目应具备以下条件：

1)具有经过有审批权限的机关批准的设计任务书。

2)具有建设规划管理部门同意的用地范围许可文件。

3)具有符合要求的地形图。

(2)设计招投标文件。建设项目进行项目设计招标应具备以下条件：

1)建设单位必须是法人或依法成立的组织。

2)具有与招标的工程项目相适应的技术、经济管理人员。

3)具有编制招标文件，审查投标单位资格和组织投标、开标、评标、定标的能力。

不具备上述条件时必须委托具有相应资质和能力的建设监理、咨询服务单位代理。

(3)施工招投标文件。施工招投标文件是指建设单位选择工程项目施工单位过程中所进行的招标、投标活动的文件资料。

(4)监理招投标文件。监理招投标文件是指建设单位选择工程项目监理单位过程中所进行的招标、投标活动的文件资料。

(5)设备、材料招标文件。建设工程材料、设备采购是指采购主体对所需要的工程设备、材料,向供货商进行询价或通过招标的方式设定包括商品质量、期限、价格为主的标的,邀请若干供货商通过投标报价进行竞争,采购主体从中选择优胜者并与其达成交易协议,随后按合同实现标的的采购方式。

(二)勘察、设计合同

工程项目勘察、设计合同是指建设单位(委托方也称发包方)与工程勘察、设计单位(承包方或者承接方)为完成特定工程项目的勘察、设计任务,签订的明确双方权利、义务关系的协议。在此类合同中,委托方通常是工程项目的业主(建设单位)或者项目管理部门,承包方是持有与其承担任务相符的勘察、设计资格证书的勘察、设计单位。根据勘察、设计合同,承包方完成委托方委托的勘察、设计项目,委托方接受符合约定要求的勘察、设计成果,并付给承包方报酬。

建设工程勘察合同
(示范文本)

(三)委托监理合同

建设工程委托监理合同简称监理合同,是指委托人与监理人就委托的工程项目管理内容签订的明确双方权利、义务的协议。

工程建设监理制度是我国建筑业在市场经济条件下保证工程质量、规范市场主体行为、提高管理水平的一项重要措施。建设监理与发包人和承包商共同构成了建筑市场的主体,为了使建筑市场的管理规范化、法制化,大型工程建设项目不仅要实行建设监理制度,而且要求发包人必须以合同形式委托监理任务。监理工作的委托与被委托实质上是一种商业行为,所以,必须以书面合同的形式来明

建设工程设计
合同示范文本
(房屋建筑工程)

确工程服务的内容,以便为发包人和监理单位的共同利益服务。监理合同不仅明确了双方的责任和合同履行期间应遵守的各项约定,成为当事人的行为准则,而且可以作为保护任何一方合法权益的依据。

作为合同当事人一方的工程建设监理公司应具备相应的资格,不仅要求其是依法成立并已注册的法人组织,而且要求它所承担的监理任务应与其资质等级和营业执照中批准的业务范围相一致,既不允许低资质的监理公司承接高等级工程的监理业务,也不允许承接虽与资质级别相适应但工作内容超越其监理能力范围的工作,以保证所监理工程的目标顺利圆满实现。

(四)施工招投标文件

1. 施工招标文件的组成

《标准施工招标文件》规定,招标文件由以下部分组成。

第一卷

第一章　招标公告(投标邀请书)

第二章　投标人须知

第三章　评标办法

第四章　合同条款及格式

第五章　工程量清单
第二卷
第六章　图纸
第三卷
第七章　技术标准和要求
第四卷
第八章　投标文件格式

2. 施工招标文件的编制

施工招标文件的编制应遵循以下原则：

(1)招标文件的编制必须遵守国家有关招投标的法律、法规和部门规章的规定。

(2)招标文件必须遵循公开、公平、公正的原则，不得以不合理的条件限制或者排斥潜在投标人，不得对潜在投标人实行歧视待遇。

(3)招标文件必须遵循诚实信用的原则，招标人向投标人提供的工程情况，特别是工程项目的审批、资金来源和落实等情况，都要确保真实和可靠。

(4)招标文件介绍的工程情况和提出的要求，必须与资格预审文件的内容相一致。

(5)招标文件的内容要能清楚地反映工程的规模、性质、商务和技术要求等内容，设计图纸应与技术规范或技术要求相一致，使招标文件系统、完整、准确。

(6)招标文件不得要求或者标明特定的建筑材料、构配件等生产供应者以及含有倾向或者排斥投标申请人的其他内容。

(五)施工合同

建设工程施工合同简称施工合同，是工程发包人为完成一定的建筑、安装工程的施工任务与承包人签订的合同，由承包人负责完成拟定的工程任务，由发包人提供必要的施工条件并支付工程价款。

建设工程施工合同
（示范文本）

建设工程施工合同属建设工程合同中的主要合同，是工程建设质量控制、进度控制和投资控制的主要依据。《中华人民共和国合同法》《中华人民共和国建筑法》《中华人民共和国招标投标法》都对建筑工程施工合同的相关方面作出了规定，这些法律条文都是施工合同管理的重要依据。

建设工程施工合同的当事人是发包人和承包人，双方是平等的民事主体。发包人可以是建设工程的业主，也可以是取得工程总承包资格的总承包人。作为业主的发包人可以是具备法人资格的国家机关、事业单位、企业、社会团体或个人，无论是哪种发包人都应具备一定的组织协调能力和履行合同义务的能力(主要是支付工程价款的能力)。承包人应是具备有关部门核定的资质等级并持有营业执照等证明文件的施工企业。

第五节 开工文件

 实训引言

开工文件属于 A5 类,主要包括 8 项内容,其工程资料名称、来源及保存详见表 1-12。

表 1-12 开工文件

序号	开工文件	提供单位	工程资料类别
1	建设项目列入年度计划的申报文件	建设单位	A5 类
2	建设项目列入年度计划的批复文件或年度计划项目表	建设行政管理部门	
3	规划审批申报表及报送的文件和图纸	建设单位、设计单位	
4	建设工程规划许可证及其附件	规划部门	
5	建设工程施工许可证及其附件	建设行政管理部门	
6	工程质量安全监督注册登记	质量监督机构	
7	工程开工前的原貌影像资料	建设单位	
8	施工现场移交单	建设单位	

 实训内容及要求

(一)建设项目列入年度计划的申报与批复文件

(1)建设项目列入年度计划的申报与批复文件由建设单位形成。

(2)建设项目列入年度计划的批复文件或年度计划项目表由建设行政管理部门形成。

(二)规划审批申报表及报送的文件和图纸

规划审批申报表及报送的文件和图纸由建设单位、设计单位形成。

(三)建设工程规划许可证及其附件

建设工程规划许可证是由市、县规划委员会对施工方案与施工图纸审查后,确定该工程符合整体规划而出的证书。建设工程规划许可证应包括附件和附图,它们是建设工程许可证的配套证件,具有同等法律效力;按不同工程的不同要求,由发证单位根据法律、法规和实际情况制定。使用建设工程规划许可证及其附件时应注意以下几点。

(1)工程放线完毕,通知测绘院、规划部门验线无误后方可施工。

(2)有关消防、绿化、交通、环保、市政、文物等未尽事宜,应由建设单位负责与有关主管部门联系,妥善解决。

(3)设计责任由设计单位负责。对于由非正式设计单位进行设计的工程,按规定其设计责任由建设单位负责。

(4)《建设工程规划许可证》及附件发出后,因年度建设计划变更或因故未建满 2 年者,《建设工程规划许可证》及附件自行失效,需建设时,应向审批机关重新申报,经审核批准后方可施工。

(5)凡属按规定应编制竣工图的工程必须按照国家编制竣工图的有关规定编制竣工图,送城市建设档案馆。

《建设工程规划许可证》及其附件格式如图 1-2 及表 1-13 所示。

中华人民共和国

建设工程规划许可证

建字第_____号

根据《中华人民共和国城乡规划法》第四十条规定,经审核,本建设工程符合城乡规划要求,颁发此证。

发证机关
日　期:××年×月×日

图 1-2　建设工程规划许可证

建设单位	××房地产开发有限公司
建设项目名称	××公寓
建设位置	××市××区××街××号
建设规模	56 600 平方米
附图及附件名称	本工程建设工程规划许可证附件一份 本工程设计图一份

遵守事项：

一、本证是经城乡规划主管部门依法审核，建设工程符合城乡规划要求的法律凭证。

二、未取得本证或不按本证规定进行建设，均属违法建设。

三、未经发证机关许可，本证的各项规定均不得随意变更。

四、城乡规划主管部门依法有权查验本证，建设单位(个人)有责任提交查验。

五、本证所需附图与附件由发证机关依法确定，与本证具有同等法律效力。

图 1-2　建设工程规划许可证(续)

表 1-13　建设工程规划许可证(附件)

建设单位：
建设位置：　　　　　　　　　　　　　　　　　　　　　　　　　　图幅号：
建设单位联系人：　　　　　　　　　　　　　　　　　　　　　　　发件日期：

建设项目名称	建设规模/m²	层数		高度/m	栋数	结构类型	造价/万元	备注
		地上	地下					
	56 600	26	4	90	1	框剪	43 456	

抄送单位：　　　　　　　　　　　　　　　　　　　　　　　　　　　承建单位：

(四)建设工程施工许可证

《建设工程施工许可证》(图 1-3)是建筑施工单位符合各种施工条件、允许开工的批准文件，是建设单位进行工程施工的法律凭证，也是房屋权属登记的主要依据之一。

申请《建设工程施工许可证》应递交以下材料：

(1) 中标通知书。

(2) 交费通知书。

(3) 质量监督报告。

(4) 监理单位合同书、资料材料。

(5) 发包方与承包方合同书。

(6) 施工单位资质材料。

(7) 安全施工许可证。

(8) 项目经理、施工员、质检员、材料员证书。

(9) 施工图审批报告。

(10) 银行资信证书。

建筑工程施工许可管理办法

中华人民共和国

建设工程施工许可证

编号　施×××－03660 建

根据《中华人民共和国建筑法》第八条规定，经审查，本建设工程符合施工条件，准予施工。

特发此证

发证机关（盖章）

日　期：××年×月×日

图 1-3　建设工程施工许可证

建设单位	××房地产开发有限公司		
工程名称	××公寓		
建设地址	××市××区××街××号		
建设规模	56 600 平方米	合同价格	43 456 万元
设计单位	××建筑设计院		
施工单位	××建筑工程集团有限责任公司		
监理单位	××市建设监理公司		
合同开工日期	××年×月×日	合同竣工日期	××年×月×日
备注			

注意事项：

一、本证放置施工现场，作为准予施工的凭证。

二、未经发证机关许可，本证的各项内容不得变更。

三、建设行政主管部门可以对本证进行查验。

四、本证自核发之日起三个月内应予施工，逾期应办理延期手续，不办理延期或延期次数、时间超过法定时间的，本证自行废止。

五、凡未取得本证擅自施工的属违法建设，将按《中华人民共和国建筑法》的规定予以处罚。

图 1-3 建设工程施工许可证(续)

(五)建设工程质量安全监督注册登记

工程质量监督手续由建设单位在领取施工许可证前向当地住房城乡建设主管部门委托的工程质量监督部门申报报监备案登记。

(1)监督实施范围。凡在省行政区域内，投资额在 20 万元或建筑面积在 500 m^2 及以上的土木建筑、设备安装、建筑工程、管线敷设、装饰装修以及市政设施等工程的竣工验收，必须由各级质量监督机构对其实施监督。

(2)实施监督过程中，发现有违反国家有关建设工程质量管理规定行为或工程质量不合格的，质量监督机构有权责令建设单位进行整改。建设单位接到整改通知书后，必须立即进行整改，并将整改情况书面报送工程质量监督机构。

(3)建设单位在质量监督机构监督下进行的工程竣工验收通过后，5 日内未收到工程质量监督机构签发的重新组织验收通知书，即可进入验收备案程序。

(4)工程质量监督机构在工程竣工验收通过后并收到建设单位的竣工报告 15 个工作日内，向负责竣工验收备案部门提交建设工程质量监督报告。

根据《建设工程质量管理条例》等有关规定，建设单位在申领建筑工程施工许可证前，按规定应向监督机构申请办理建设工程质量安全监督注册登记手续(表1-14)。

表1-14 建设工程质量安全监督注册登记表

工程名称			结构类型	
工程地址			结构层数	
建筑面积		m²	基础类型	
工程造价		万元	计划开竣工日期	
施工总承包单位			资质证书号	
项目经理			级别、证书号	
专业承包单位			资质证书号	
项目经理			级别、证书号	
勘察单位			资质证书号	
项目勘察负责人			注册资格证	
设计单位			资质证书号	
项目结构设计负责人			注册资格证	
项目建筑设计负责人			注册资格证	
监理单位			资质证书号	
项目总监理工程师			注册资格证	
建设单位提交资料文件	1	施工图设计文件审查合格书或批准书		
	2	中标通知书和施工、监理合同及转分包合同		
	3	施工、监理、分包单位资质复印件(含安全许可证)		
	4	参建各方质量安全责任制(含机构人员组成)		
	5	施工单位办理的意外伤害保险证明		
	6	施工组织设计及监理规划(安全专项方案及细则单列)		
建设单位: 法人代表: 项目负责人: 电话号码: (盖 章) 年 月 日			审核意见: 质量安全监督站(章) 审核人(签字): 年 月 日	

(六)工程开工前的原貌影像资料及施工现场移交单

工程开工前的原貌影像资料由建设单位收集、提供;施工现场移交单由建设单位办理。工程开工前的原貌影像资料及施工现场移交单应提供下列资料:

(1)施工图设计文件审查报告、审查合格书及备案证明原件或批准书(复印件)。

(2)经审查合格的施工图纸一套。

(3)中标通知书和施工、监理合同(原件和复印件)。

(4)建设单位、施工单位和监理单位工程项目的负责人或机构组成(单位工程主要技术人员登记表)。

(5)其他需要的文件资料(施工组织设计、监理规划、监理实施细则、检测合同、监理单位见证人员资格证书等)。

实训 2　建设监理资料

第一节　监理管理资料

实训引言

监理管理文件是指监理工程师受建设单位的委托，在其进行监理工作期间，对工程建设实施过程中所形成的与监理相关的文档进行收集积累、加工整理、组卷归档、检索利用等一系列工作。建设工程常用的监理管理文件多由监理单位填写，详见表 2-1。

表 2-1　监理管理资料

序号	监理文件	提供单位	备注
1	监理规划	监理单位	
2	监理实施细则	监理单位	
3	监理月报	监理单位	
4	监理会议纪要	监理单位	
5	监理工作日志	监理单位	表 2-2
6	监理工作总结	监理单位	
7	工作联系单	监理单位、施工单位	表 B.1.1
8	监理工程师通知	监理单位	表 B.1.2
9	监理工程师通知回复单	施工单位	表 C.1.7
10	工程暂停令	监理单位	表 B.1.3
11	工程复工报审表	施工单位	表 C.3.2

1. 监理规划

监理规划是结合工程实际情况，明确项目监理机构的工作目标，确定具体的监理工作制度、内容、程序、方法和措施，指导整个项目监理工作开展的指导性文件；监理规划是在签订建设工程监理合同及收到设计文件（批准的施工组织设计）后由总监理工程师组织，专业监理工程师参与

监理规划程序、主要内容

编制，监理单位技术负责人签字批准，并加盖单位公章。需在召开第一次工地会议前（开工前）报送建设单位。

2. 监理实施细则

监理实施细则是在监理规划指导下，由专业监理工程师（依据批准的施工专项方案）针对某一专业或某一方面建设工程监理工作编制的操作性文件。对专业性较强、危险性较大的分部分项工程，也应编制监理实施细则。监理实施细则应在相应工程施工开始前由专业监理工程师组织编制，必须由项目总监理工程师批准方可实施。

3. 监理月报

监理月报应由总监理工程师组织编写并签认后，由项目监理部门每月将其监理工作情况报于建设单位和本监理单位，使建设单位能够及时了解工程的进展情况，掌握工程的进度、质量、造价及项目目标完成的情况。编制监理月报的基本要求是全面、客观、及时，并具有前瞻性和评判性。

监理月报应包括以下内容：

(1) 本月工程概况。
(2) 监理工作控制要点及目标。
(3) 工程进度：本月实际完成情况与计划进度比较，对进度完成情况及采取措施效果进行分析。
(4) 工程质量：本月工程质量情况分析；本月采取的工程质量措施及效果。
(5) 工程计量与工程款支付：工程量审核情况、工程款审批情况及月支付情况、工程款支付情况分析、本月采取的措施及效果。
(6) 合同其他事项的处理情况：工程变更、工程延期、费用索赔。
(7) 本月监理工作小结、下月监理工作重点。

4. 监理会议纪要

监理会议纪要是由项目监理机构根据会议记录整理，与会各方代表会签确认完成。会议纪要的主要内容包括：例会地点与时间；会议主持人；与会人员姓名、单位、职务；例会的主要内容、事项等。监理会议形式主要有开工前的第一次工地会议和定期召开的监理例会。

5. 监理工作日志

监理工作日志是监理机构从监理工作开始至监理工作结束期间，每日需记录的气象、施工工作、监理工作情况，此项工作应由专人负责。监理工作日志应真实、准确、全面地记录工程施工过程中的相关事项。监理工作日志是一项重要的文件，也是工程施工过程中的一项重要依据。其主要表格形式详见表2-2。

表2-2 监理工作日志

监理工作日志（　　）

日期：＿＿＿年＿＿＿月＿＿＿日　　　　　　　　　天气：＿＿＿＿
星期：＿＿＿　　　　　　　　　　　　　　　　　　气温：＿＿＿＿
工程名称：＿＿＿＿＿＿＿＿＿＿＿＿＿＿＿＿＿＿

续表

监理工作情况		
施工情况	承包单位	施工内容及进度
其他事项		
本日现场监理人员		
记录人：		总监(总监代表)：

6. 监理工作总结

按照现行国家标准《建设工程监理规范》(GB/T 50319—2013)的有关规定，工程监理单位在建设工程项目完成后应由总监理工程师及时组织编写监理工作总结。监理单位编写的监理工作总结应一式两份，并应由监理单位、城建档案馆各保存一份。

7. 工作联系单

建设工程监理规范

按照现行国家标准《建设工程监理规范》(GB/T 50319—2013)的有关规定，项目监理机构应协调工程建设相关方的关系，项目监理机构和其他参建单位之间传递意见、建议、决定、通知等工作联系，通常采用"工作联系单"。"工作联系单"主要针对工程项目的一般问题起到告知的作用，可要求施工单位回复也可不作回复的要求。

"工作联系单"可采用表 B.1.1 的格式。当不需回复时应有签收记录，并应注明收件人的姓名、单位和收件日期。"工作联系单"由监理单位填写一式三份，并由建设单位、施工单位和监理单位各保存一份。

表 B.1.1　工作联系单

工程名称：　　　　　　　　　　　　　　　　　　　　　　　　　　　　编号：

致：＿＿＿＿＿＿＿＿＿＿＿＿（施工单位）

事由：

内容：

单位：

负责人（签字）：

年　月　日

8. 监理工程师通知

按照现行国家标准《建设工程监理规范》（GB/T 50319—2013）的有关规定，项目监理机构发现施工存在质量的问题，或施工单位采用不适当的施工工艺，或施工不当，造成工程质量不合格的，应及时签发"监理工程师通知"，要求施工单位整改。整改完毕后，项目监理机构应根据施工单位报送的监理通知回复单对整改情况进行复查，提出复查意见。

"监理工程师通知"由项目监理机构按表 B.1.2 要求填报，由总监理工程师或专业监理工程师签发，项目监理机构盖章。"监理工程师通知回复单"应由施工单位按表 C.1.7 填报，经项目经理签字，项目经理部盖章，报监理机构。"监理工程师通知""监理工程师通知回复单"一式四份，应由建设单位、监理单位、施工单位和城建档案管理机构各保存一份。

表 B.1.2　监理工程师通知

工程名称：××大厦工程　　　　　　　　　　　　　　　　　　　　　编号：×××

致：＿＿＿＿＿＿（施工项目经理部）

事由：关于＿＿＿＿＿＿

内容：

附件：

项目监理机构（盖章）

总/专业监理工程师（签字）：

年　月　日

表 C.1.7 监理工程师通知回复单

工程名称： 编号：

致：_____（项目经理机构）

我方接到编号为_____的监理通知单后，已按要求完成相关工作，请予以复查。
附件：需要说明的情况。

施工项目经理部(盖章)
项目经理(签字)：
年　月　日

复查意见：

项目监理机构(盖章)：
总监理工程师/专业监理工程师(签字)：
年　月　日

职业技能实际训练

训练 1 编制"工作联系单"，见表 B.1.1。

表 B.1.1 工作联系单

工程名称：××市××中学教学楼　　　　　　　　　　编号：00-00 B1-002

致：_____××建筑安装有限公司_____（施工单位）：

事由：关于贵公司资质及项目组织机构报审事宜。

内容：请×××建筑安装有限公司于××年×月×日前将贵公司的资质副本复印件及数学楼项目组织机构人员名单、人员岗位证件报送我公司现场理部。

单位：××市××监理有限责任公司
负责人(签字)：×××
××年×月×日

训练 2 编制"监理工程师通知回复单",见表 C.1.7

表 C.1.7 监理工程师通知回复单

工程名称:××市××中学教学楼　　　　　　　　　　　　　　编号:01-06-B1-×××

致:　__××监理有限责任公司__　(项目经理机构): 我方接到编号为<u>01-06 B1-×××</u>的监理通知单后,已按要求完成了相关整改工作,请予以复查。 附件:需要说明的情况 　　1. 基坑开挖放坡施工方案; 　　2. 工程测量放线成果; 　　3. 主要人员、材料、设备进场说明。   　　　　　　　　　　　　　　　　　　　　　施工项目经理部:××建筑安装有限公司××项目经理部 　　　　　　　　　　　　　　　　　　　　　　　　　　　　　项目经理(签字):××× 　　　　　　　　　　　　　　　　　　　　　　　　　　　　　　　××××年×月×日
复查意见: 　　×××建筑安装有限公司××项目经理部所报×××工程整改方案有效,准予继续施工。   　　　　　　　　　　　　　　　　　　　　　项目监理机构(盖章):××监理有限责任公司 　　　　　　　　　　　　　　　　　　　　　总/专业监理工程师(签字、加盖执业印章):××× 　　　　　　　　　　　　　　　　　　　　　　　　　　　　　　　××××年×月×日

第二节　监理进度控制资料

　实训引言

在监理规划的指导下,由项目总监办确定的进度控制专业监理工程师负责编制具有实施性和操作性的监理细则。建筑工程常用的监理进度控制文件见表 2-3。

表 2-3　　监理进度控制资料

序号	施工文件	提供单位	备注
1	工程开工报审表	施工单位	表 C.3.1
2	工程开工令	监理单位	表 2-4
3	工程复工令	监理单位	表 2-5
4	施工组织设计/（专项）施工方案报审表	施工单位	表 2-6
5	施工进度计划报审表	施工单位	表 C.3.3

实训内容

1. 工程开工令

建设单位对"工程开工报审表"签署统一意见后，总监理工程师可签发"工程开工令"（表 2-4），指示施工单位开工。"工程开工令"中的开工日期作为施工单位计算工期的起始日期。本表应一式三份，由项目监理机构、建设单位和施工单位各保存一份。

表 2-4　工程开工令

工程名称：　　　　　　　　　　　　　　　　　　　　　　　　　　　　　编号：

致：_____（施工单位）

经审查，本工程已具备施工合同约定的开工条件，现同意你方开始施工，开工日期为：___年_月_日。

附件：工程开工报审表。

项目监理机构（盖章）
总监理工程师（签字、加盖执业印章）：
年 月 日

2. 工程复工令

"工程复工令"见表 2-5,表内必须注明复工的部位和范围、复工日期等,并附"工程复工报审表"等其他相关说明文件,本表应一式三份,由项目监理机构、建设单位和施工单位各保存一份。

表 2-5 工程复工令

工程名称:　　　　　　　　　　　　　　　　　　　　　　　　　　　编号:

致:_____(施工项目经理部)

　　我方已发出编号为_____《工程暂停令》,要求暂停施工的_____部位(工序),经查已具备复工条件。经建设单位同意,现通知你方于____年_月_日_时起恢复施工。

　　附件:工程复工报审表。

项目监理机构(盖章)
总监理工程师(签字、加盖执业印章):
年　月　日

3. 施工组织设计/(专项)施工方案报审表

施工单位编制的施工组织设计应由施工单位技术负责人审核签字并加盖施工单位公章。有分包单位的,分包单位编制的"施工组织设计/(专项)施工方案报审表"均应由施工单位按规定完成相关审批手续后,报送项目监理机构审核。"施工组织设计/(专项)施工方案报审表"(表 2-6)应一式三份,由项目监理机构、建设单位和施工单位各保存一份。

表 2-6　施工组织设计/(专项)施工方案报审表

工程名称：　　　　　　　　　　　　　　　　　　　　　　　　　　编号：

致：_____(项目监理机构) 　　我方已完成_____工程施工组织设计/(专项)施工方案的编制和审批，请予以审查。 　　附件：□施工组织设计 　　　　　□专项施工方案 　　　　　□施工方案   　　　　　　　　　　　　　　　　　　　　　　　　施工项目经理部(盖章) 　　　　　　　　　　　　　　　　　　　　　　　　项目经理(签字)： 　　　　　　　　　　　　　　　　　　　　　　　　　　年　月　日
审查意见：   　　　　　　　　　　　　　　　　　　　　　　　　专业监理工程师(签字)： 　　　　　　　　　　　　　　　　　　　　　　　　　　年　月　日
审核意见：   　　　　　　　　　　　　　　　　　　　　　　　　项目监理机构(盖章) 　　　　　　　　　　　　　　　　　　　　　　　　总监理工程师(签字、加盖执业印章)： 　　　　　　　　　　　　　　　　　　　　　　　　　　年　月　日
审批意见(仅对超过一定规模的危险性较大的分部分项工程专项施工方案)：   　　　　　　　　　　　　　　　　　　　　　　　　建设单位(盖章) 　　　　　　　　　　　　　　　　　　　　　　　　建设单位代表(签字)： 　　　　　　　　　　　　　　　　　　　　　　　　　　年　月　日

职业技能实际训练

训练 3　编制"施工组织设计/(专项)施工方案报审表"，见表 2-7。

表 2-7　施工组织设计/(专项)施工方案报审表

工程名称：××大厦工程　　　　　　　　　　　　　　　　　　　　　　编号：×××

致：××监理公司××项目监理部(项目监理机构)
　　我方已完成　　××大厦　　工程施工组织设计/(专项)施工方案的编制和审批，请予以审查。

　　附件：☑施工组织设计
　　　　　□专项施工方案
　　　　　□施工方案

　　　　　　　　　　　　　　　　　　　　　　施工项目经理部(盖章)：××建筑工程有限公司
　　　　　　　　　　　　　　　　　　　　　　　　项目经理(签字)：×××
　　　　　　　　　　　　　　　　　　　　　　　　　　××年×月×日

审查意见：
　　施工组织设计(方案)合理、可行，且审批手续齐全，拟同意承包单位按照该施工组织设计(方案)组织施工，请总监理工程师审核。
　　若不符合要求，专业监理工程师审查意见应简要指出不符合要求之处，并提出修改补充意见后签署"暂不同意(部分或全部应指明)承包单位按该施工组织设计(方案)组织施工，待修改完善后再报，请总监理工程师审核"的意见。

　　　　　　　　　　　　　　　　　　　　　　　　专业监理工程师(签字)：×××
　　　　　　　　　　　　　　　　　　　　　　　　　　××年×月×日

审核意见：
　　同意专业监理工程师审查意见，同意承包单位按该施工组织设计(方案)组织施工。
　　如不同意专业监理工程师的审查意见，应简要指明与专业监理工程师审查意见中的不同之处，签署修改意见；并签认"不同意承包单位按该施工组织设计(方案)组织施工(修改后再报)"的最终结论。

　　　　　　　　　　　　　　　　　　　　　　项目监理机构(盖章)：××监理公司××项目监理部
　　　　　　　　　　　　　　　　　　　　　　　总监理工程师(签字、加盖执业印章)：×××
　　　　　　　　　　　　　　　　　　　　　　　　　　××年×月×日

审批意见(仅对超过一定规模的危险性较大分部分项工程专项方案)：

　　　　　　　　　　　　　　　　　　　　　　　　　　建设单位(盖章)
　　　　　　　　　　　　　　　　　　　　　　　　　　建设单位代表(签字)：
　　　　　　　　　　　　　　　　　　　　　　　　　　　　年　月　日

第三节 质量控制资料

实训引言

按照《建筑工程施工质量验收统一标准》(GB 50300—2013)规定,确保工程质量合格,验收达到施工单位承诺的质量标准。工程质量以合同文件、设计文件和技术规范为依据,遵循监理单位与招标人的监理合同协议书规定的职责权限,应用各种工程监理方法、措施和手段,对施工各阶段的工程质量和各个施工阶段中的各道工序实施全面的质量控制和管理,使各施工项目和各分项工程的施工质量符合设计要求,达到施工验收技术规范的各项检测验收指标与标准、外观质量好,工程施工资料完整、齐全,从而保证工程建成后能安全、舒适、高效地投入使用。建筑工程常用的监理质量控制资料,见表2-8。

建筑工程施工质量
验收统一标准

表2-8 质量控制资料

序号	施工文件	提供单位	备注
1	质量事故报告及处理资料	施工单位	
2	旁站监理记录	监理单位	表B.3.1
3	见证取样和送检见证人员备案表	监理单位或建设单位	表B.3.2
4	见证记录	监理单位	表B.3.3
5	工程技术文件报审表	施工单位	

实训内容及要求

1. 旁站监理记录

旁站是指监理人员在施工现场对工程实体关键部位或关键工序的施工质量进行监督检查的活动。按现行国家标准《建设工程监理规范》(GB/T 50319—2013)的规定,项目监理机构应根据工程特点和施工单位报送的施工组织设计及专项施工方案,确定旁站的关键部位、关键工序,安排监理人员进行旁站,并应如实、准确地做好旁站记录。当旁站工作结束后,旁站监理人员与施工单位现场质检人员共同在"旁站监理记录"上签字,确认纪录的真实性、准确性。凡监理人员和质检人员没在"旁站监理记录"上签字的,不得进行下一道工序施工。

监理单位填写的"旁站监理记录"应一式三份,并应由建设单位、监理单位、施工单位各保存一份。旁站监理记录应按表B.3.1的要求填写。

表 B.3.1 旁站监理记录

工程名称：			编号：
旁站的关键部位、关键工序		施工单位	
旁站开始时间		旁站结束时间	
旁站的关键部位、关键工序施工情况：			
发现问题及处理情况：			

旁站监理人员(签字)：

年　月　日

2. 见证取样和送检见证人员备案表

每个单位工程开工前，应由该工程监理单位或建设单位填写"见证取样和送检见证人员备案表"，依据《房屋建筑工程和市政基础设施工程实行见证取样和送检的规定》建建〔2000〕211号规定：见证人员应由建设单位或该工程的监理单位具备建筑施工试验知识的专业技术人员担任，并应由建设单位或该工程的监理单位书面通知施工单位、检测单位和负责该项工程的质量监督机构。

单位工程施工前，监理单位应根据施工单位报送的施工试验计划编制确定见证取样和送检计划。

单位工程在施工过程中，专业监理工程师应对承包单位报送的拟进场工程材料、构配件和设备的工程材料/构配件/设备报审表及其质量证明资料进行审核，并对进场的实物按照委托监理合同约定或有关工程质量管理文件规定的比例采用平行检验或见证取样方式进行抽检。

对未经监理人员验收或验收不合格的工程材料、构配件、设备，监理人员应拒绝签认，并应签发监理工程师通知单，书面通知承包单位限期将不合格的工程材料、构配件、设备撤出现场。

监理单位填写的"见证取样和送检见证人员备案表"应一式五份，质量监督站、检测单位、建设单位、监理单位、施工单位各保存一份。"见证取样和送检见证人员备案表"宜采用表B.3.2的格式。

表 B.3.2 见证取样和送检见证人备案表

工程名称		编　号	
质量监督站		日　期	
检测单位			
施工总承包单位			
专业承包单位			

续表

工程名称		编　号	
见证人员签字		见证取样和送检印章	
建设单位(章)		监理单位(章)	

3. 见证记录

依据《房屋建筑工程和市政基础设施工程实行见证取样和送检的规定》建建〔2000〕211号规定：涉及结构安全的试块、试件和材料见证取样和送检的比例不得低于有关技术标准中规定应取样数量的30%。下列试块、试件和材料必须实施见证取样和送检：

(1)用于承重结构的混凝土试块；
(2)用于承重墙体的砌筑砂浆试块；
(3)用于承重结构的钢筋及连接接头试件；
(4)用于承重墙的砖和混凝土小型砌块；
(5)用于拌制混凝土和砌筑砂浆的水泥；
(6)用于承重结构的混凝土中使用的掺加剂；
(7)地下、屋面、厕浴间使用的防水材料；
(8)国家规定必须实行见证取样和送检的其他试块、试件和材料。

房屋建筑工程和市政
基础设施工程实行
见证取样和送检
的规定

在施工过程中，见证人员应按照见证取样和送检计划，对施工现场的取样和送检进行见证，取样人员应在试样或其包装上作出标识、封志。标识和封志应标明工程名称、取样部位、取样日期、样品名称和样品数量，并由见证人员和取样人员签字。见证人员应制作见证记录，并将见证记录归入施工技术档案。监理单位填写的"见证记录"应一式三份，并应由建设单位、监理单位、施工单位各保存一份。"见证记录"宜采用表B.3.3的格式。

表 B.3.3　见证记录

工程名称			编　号		
样品名称		试件编号		取样数量	
取样部位/地点			取样日期		
见证取样说明					
见证取样和送检印章					
签字栏	取样人员			见证人员	

职业技能实际训练

训练 4 编制"旁站监理记录",见表 B.3.1。

表 B.3.1 旁站监理记录

工程名称:××大厦工程　　　　　　　　　　　　　　　　　　　　编号:×××

旁站的关键部位、关键工序	屋面____/____轴混凝土浇筑	施工单位	××建筑工程有限公司
旁站开始时间	××年×月×日×时×分	旁站结束时间	××年×月×日×时×分
旁站的关键部位、关键工序施工情况: 　　采用商品混凝土,混凝土强度等级为 C25,配合比编号为×××。现场采用汽车泵 1 台进行混凝土的浇筑施工。检查混凝土坍落度 4 次,实测坍落度为 150 mm,符合混凝土配合比的要求。制作混凝土试块 2 组(编号:××、××,其中编号为××的试块为见证试块),混凝土浇筑过程符合施工验收规范的要求。			
发现问题及处理情况: 　　混凝土浇筑后没有及时进行覆盖。 　　在混凝土表面覆盖塑料布进行养护。			
旁站监理人员(签字):××× 　　　　　　　　　　　　　　　　　　　　　　　　　　　　　　　　××年×月×日			

第四节　造价控制资料

实训引言

工程造价控制的依据有以下几个方面。
(1)《建设工程施工合同》或者协议条款。
(2)分项/分部工程质量报验单(如桩基分部、基础分部、主体分部、单位工程竣工验收报告)、工序质量报验单。
(3)工程设计图样,设计说明及设计变更、洽商。
(4)施工合同的变更或协议。
(5)当地政府或建设与造价主管部门的工程概(预)算定额、取费标准、调价文件等。
(6)市场价格信息。
(7)国家和当地其他有关经济法规和规定。
建筑工程常用的监理造价控制资料,见表 2-9。

表 2-9　造价控制资料

序号	施工文件	提供单位	备注
1	工程款支付申请表	施工单位	表 C.3.6
2	工程款支付证书	监理单位	表 B.4.1
3	工程变更费用报审表	施工单位	
4	费用索赔申请表	施工单位	
5	费用索赔审批表	监理单位	表 B.4.2

实训内容及要求

1. 工程款支付证书

工程款支付证书是项目监理机构在收到承包单位的"工程款支付申请表"、项目监理机构收到经建设单位签署审批意见的"工程复工报审表"后,根据建设单位的审批意见签发。

项目监理机构应按《建设工程监理规范》(GB/T 50319—2013)的规定程序进行工程计量和付款签证。工程款支付证书是在工程预付款、工程进度款、工程结算款等支付时使用。项目监理部在收到承包单位"工程款支付申请表"后,由负责造价控制的监理工程师根据合同的约定及有关标准、定额进行审核,确定应支付的工程款额度。监理工程师审核后,由总监理工程师审查并签署"工程款支付证书"。"工程款支付证书"应一式三份,由项目监理机构、建设单位和施工单位各保存一份。

工程款支付证书的样式见表 B.4.1。

表 B.4.1　工程款支付证书

工程名称：　　　　　　　　　　　　　　　　　　　　　　　　　　　编号：

致：_____(建设单位)

根据施工合同约定,经审核编号为_____工程款支付报审表,扣除有关款项后,同意本期支付工程款共计(大写)_____(小写：_____)。请按合同约定及时支付。

其中：
1. 施工单位申报款为：_____
2. 经审核施工单位应得款为：_____
3. 本期应扣款为：_____
4. 本期应付款为：_____

附件：
1. 工程款支付报审表及附件。
2. 项目监理机构审查记录。

　　　　　　　　　　　　　　　　　　项目监理机构(盖章)_____
　　　　　　　　　　　　　　　　　　总监理工程师(签字、加盖执业印章)_____
　　　　　　　　　　　　　　　　　　日期_____

2. 费用索赔审批表

按照现行国家标准《建设工程监理规范》(GB/T 50319—2013)规定,项目监理机构可按照下列程序处理施工单位提出的费用索赔：

(1)受理施工单位在施工合同约定的期限内提交的费用索赔意向通知书。

(2)收集与索赔有关的资料。

(3)受理施工单位在施工合同约定的期限内提交的费用索赔报审表。

(4)审查费用索赔报审表。需要施工单位进一步提交详细资料时，应在施工合同约定的期限内发出通知。

(5)与建设单位和施工单位协商一致后，在施工合同约定的期限内签发费用索赔报审表，并报建设单位。

按照规定项目监理机构批准施工单位费用索赔应同时满足下列条件：

(1)施工单位在施工合同约定的期限内提出费用索赔。

(2)索赔事件是因非施工单位原因造成，且符合施工合同约定。

(3)索赔事件造成施工单位直接经济损失。

监理单位填写的费用索赔审批表应一式三份，并应由建设单位、监理单位、施工单位各保存一份。费用索赔审批表应按表 B.4.2 要求填写。

表 B.4.2　费用索赔审批表

工程名称：　　　　　　　　　　　　　　　　　　　　　　　　编号：

致＿＿＿＿＿＿＿＿＿＿＿（施工总承包/专业承包单位）

根据施工合同＿＿＿＿条＿＿＿＿款的约定，你方提出的＿＿＿＿＿＿费用索赔申请（第＿＿＿＿号），索赔（大写）＿＿＿＿元，经我方审核评估：

□不同意此项索赔。

□同意此项索赔，金额为（大写）＿＿＿＿＿＿元。

同意/不同意索赔的理由：

索赔金额的计算：

监理单位＿＿＿＿＿＿

总监理工程师＿＿＿＿＿＿

日期＿＿＿＿＿＿

职业技能实际训练

训练5　编制"费用索赔审批表"，见表 B.4.2。

表 B.4.2　费用索赔审批表

工程名称：××大厦工程　　　　　　　　　　　　　　　　　编号：×××

致　××建筑工程有限公司　（施工总承包/专业承包单位）（项目监理机构）

　　根据施工合同__×__条__×__款的约定，你方提出的__×××__费用索赔申请（第__×__号），索赔（大写）__柒仟伍佰__元，经我方审核评估：
☐不同意此项索赔。
☑同意此项索赔，金额为（大写）__柒仟伍佰__元。

同意/不同意索赔的理由：
由于停工 5 天中有 2 天为施工单位承担责任，另外 3 天需赔付机械租赁费及人员窝工费。
索赔金额的计算：
3×(1000＋15×100)＝7500(元)
注：根据协议，机械租赁费每天按 1000 元，人工窝工费每天按 100 元计算。

　　　　　　　　　　　　　　　　　　　　　监理单位__××__监理公司__××__项目监理部
　　　　　　　　　　　　　　　　　　　　　总监理工程师__×××__
　　　　　　　　　　　　　　　　　　　　　日期__××__年__×__月__×__日

第五节　合同管理资料

实训引言

建筑工程常用的监理合同管理资料，见表 2-10。

表 2-10　合同管理资料

序号	施工文件	提供单位	备注
1	委托监理合同	监理单位	
2	工程延期申请表	施工单位	表 C.3.5
3	工程延期审批表	监理单位	表 B.5.1
4	分包单位资质报审表	施工单位	表 C.1.3

实训内容及要求

1. 委托监理合同

建设工程监理合同，简称监理合同，是指工程建设单位聘请监理单位代其对工程项目进行管理，明确双方权利、义务的协议。在我国一般采用《建设工程监理合同（示范文本）》(GF—2012—0202)，**该监理合同由协议书、通用条款和专用条款组成。**

(1)协议书。协议书是监理合同的总协议，包括工程概况、词语限定、组成监理合同的文件、总监理工程师基本信息、签约酬金、期限、双方承诺及合同订立。

建设工程监理合同（示范文本）

(2)通用条款。通用条款涵盖了合同中所用的定义与解释、监理人的义务、委托人的义务、违约责任、支付、合同生效、变更、暂停、解除与终止、争议解决及其他内容。

(3)专用条款。根据地域特点、专业特点和委托监理项目的特点，对标准条件中的某些条款进行补充、修改。

2. 工程延期审批表

工程延期审批是发生了施工合同约定由建设单位承担的延长工期事件后，承包单位提出的工期索赔，报项目监理机构审核确认。总监理工程师在签认工程延期前应与建设单位、承包单位协商，宜与费用索赔一并考虑处理。总监理工程师应在施工合同约定的期限内签发工程延期报审表，或发出要求承包单位提交有关延期的进一步详细资料的通知。工程延期审批表应符合现行国家标准《建设工程监理规范》(GB/T 50319—2013)的有关规定。监理单位填写的工程延期审批表应一式四份，并由建设单位、监理单位、施工单位、城建档案馆各保存一份。其样式见表 B.5.1。

工程延期处理的程序

表 B.5.1　工程延期审批表

工程名称：＿＿＿＿＿＿＿＿＿＿＿＿＿＿　　　　　　　　　　编号：＿＿＿＿＿

致＿＿＿＿＿＿＿＿＿＿＿＿＿（施工总承包/专业承包单位）

根据施工合同条款的约定，我方对你方提出的＿＿＿＿＿＿工程延期申请（第＿＿＿＿号）要求延长工期＿＿＿＿日历天的要求，经过审核评估：

□同意工期延长日历天。使竣工日期（包括已指令延长的工期）从原来的＿＿年＿月＿日延迟到＿＿年＿月＿日。请你方执行。

□不同意延长工期，请按约定竣工日期组织施工。

说明：

监理单位＿＿＿＿＿＿＿＿

总监理工程师＿＿＿＿＿＿＿＿

日期＿＿＿＿＿＿＿＿

职业技能实际训练

训练 6 编制"工程延期审批表",见表 B.5.1。

表 B.5.1 工程延期审批表

工程名称:××科研实验楼工程　　　　　　　　　　　　　　　编号:×××

致:　××建设发展有限公司　(施工单位):   　　根据施工合同条款　××　条的规定,我方对你方提出的第(　××　)号关于　××商住楼工程　延期申请,要求延长工期　5　日历天,经过我方审核评估: 　　☑同意工期延长　5　日历天,竣工日期(包括已指令延长的工期)从原来的　××　年　×　月　×　日延长到　××　年　×　月　×　日。请你方执行。 　　□不同意延长工期,请按约定竣工日期组织施工。 　　说明:工程延期事件发生在被批准的网络进度计划的关键线路上,经甲、乙方协商,同意延长工期。   　　　　　　　　　　　　　　　　　　　　　　　　　监理单位(盖章)　××建设监理有限公司 　　　　　　　　　　　　　　　　　　　　　　　　　总监理工程师(签字)　×××　 　　　　　　　　　　　　　　　　　　　　　　　　　日期　××年×月×日

第六节　监理验收资料

实训引言

建筑工程常用的监理验收资料,见表 2-11。

表 2-11　监理验收资料

序号	施工文件	提供单位	备注
1	竣工移交证书	监理单位	表 2-12
2	监理资料移交书	监理单位	表 2-13

实训内容及要求

1. 竣工移交证书

项目竣工验收合格后,施工单位负责向业主等相关单位移交实体,监理单位负责填写"竣工移交证书"一式四份,并应由建设单位、监理单位、施工单位、城建档案馆各保存一份。"竣工移交证书"见表 2-12。

表 2-12　竣工移交证书

工程名称		编号	
致_____(建设单位) 兹证明承包单位_____施工的_____工程已按合同的要求完成,并验收合格,即日起该工程移交建设单位管理,并进入保修期。 附件:单位工程竣工质量验收记录 			
总监理工程师: 建设单位代表:	监理单位: 建设单位:		年　月　日 年　月　日

2. 监理资料移交书

项目监理机构参加由建设单位组织的竣工验收,工程质量符合要求的,总监理工程师应在工程竣工报告中签署意见。工程竣工后,监理单位应将工程监理资料组卷后归档移交建设单位,双方应签订移交书并清晰记录移交情况。"监理资料移交书"应由监理单位填写一式两份,由监理单位、建设单位各保存一份。"监理资料移交书"见表 2-13。

表 2-13　监理资料移交书

移交单位	
接收单位	
工程名称	
移交单位向接收单位移交工程监理资料共计____盒。 　其中包括文字材料____册,图样资料____册,其他材料____盒,另交竣工图光盘____张。(移交单位可根据资料具体移交内容进行调整) 　附:移交明细表 	
移交单位:(公章)	接收单位:(公章)

续表

移交单位：	
项目负责人：	部门负责人：
移交人（签字）：	接收人（签字）：
联系电话：	联系电话：
移交时间： 年 月 日	移交时间： 年 月 日

职业技能实际训练

训练 7　编制"监理资料移交书"，见表 2-14。

表 2-14　监理资料移交书

移交单位	×××监理有限责任公司
接收单位	××市×中学
工程名称	××市×中学教学楼

移交单位向接收单位移交工程监理资料共计__21__盒。 其中包括文字材料__17__册，图样资料__4__册，其他材料__1__盒，另交竣工图光盘__1__张。（移交单位可根据资料具体移交内容进行调整） 附：移交明细表	
移交单位：（公章） ×××监理有限责任公司	接收单位：（公章） ××市×中学
项目负责人：×××	部门负责人：×××
移交人（签字）：×××	接收人（签字）：×××
联系电话：	联系电话：
移交时间：××××年××月××日	移交时间：××××年××月××日

实训 3 建筑工程施工管理资料

第一节 施工资料

一、施工管理资料实训

实训引言

施工管理资料是施工单位依据企业的管理制度在实施工程管理过程中,制定控制投资、质量、安全、工期措施,对人员、物资组织管理活动所形成的资料。建筑工程常用的施工管理资料多由施工单位填写,见表 3-1。

表 3-1 建筑工程常用的施工管理资料

序号	施工文件	提供单位	备注
1	工程概况表	施工单位	表 C.1.1
2	施工现场质量管理检查记录	施工单位	表 C.1.2
3	企业资质证书及相关专业人员岗位证书	施工单位	
4	分包单位资质报审表	施工单位	表 C.1.3
5	建设工程质量事故调查、勘察记录	调查单位	表 C.1.4
6	建设工程质量事故报告书	调查单位	表 3-2
7	施工检测计划	施工单位	
8	见证记录	监理单位	表 3-3
9	见证试验检测汇总表	施工单位	表 C.1.5
10	施工日志	施工单位	表 C.1.6
11	监理工程师通知回复单	施工单位	表 C.1.7

实训内容及要求

1. 工程概况表

"工程概况表"是对工程基本情况的简要描述,应包括单位工程的一般情况、构造特征、机电系统等。

(1)"一般情况"栏应填写建设地点、建设用途、建设单位、勘察单位、设计单位、监理单位、施工单位、建筑面积、计划开工日期、计划竣工日期、结构类型等。

1)"工程名称"栏要填写全称,与建设工程规划许可证、建设工程施工许可证、施工图纸中图签的名称应一致。

2)"建设地点"栏应填写邮政地址,写明区(县)、街道门牌号。

3)"单位名称"栏的建设单位、勘察单位、设计单位、监理单位、施工单位均用法人单位的名称。

(2)"构造特征"栏应结合工程设计要求,简要描述地基与基础,柱、内外墙,梁、板、楼盖,内、外墙装饰,楼地面装饰,屋面构造,防火设备等涵盖的主要项目及内容,应做到重点突出,描述全面扼要。

(3)"机电系统名称"栏应简要描述工程所含的机电各系统名称及主要设备的参数、机电承受的容量和电压等级等。

(4)"其他"栏中可填写一个具体工程独自具有的某些特征或特殊需要说明的内容,还可以填写采用的新材料、新产品、新技术、新工艺等。

"工程概况表"详见表 C.1.1。

表 C.1.1 工程概况表

	工程名称		编号	
一般情况	建设单位			
	建设用途		设计单位	
	建设地点		勘察单位	
	建筑面积		监理单位	
	工　期		施工单位	
	计划开工日期		计划竣工日期	
	结构类型		基础类型	
	层　次		建筑檐高	
	地上面积		地下面积	
	人防等级		抗震等级	
构造特征	地基与基础			
	柱、内外墙			
	梁、板、楼盖			
	外墙装饰			
	内墙装饰			

续表

工程名称			编号	
构造特征	楼地面装饰			
	屋面构造			
	防火设备			
机电系统名称				
其他				

2. 施工现场质量管理检查记录

施工单位应该按照《建筑工程施工质量验收统一标准》(GB 50300—2013)的规定,填写施工现场质量管理检查记录。一个工程的一个标段或一个单位工程通常在开工时检查,由施工单位工程负责人填写,填表时间是在开工之前,检查记录表应附有关文件的原件或复印件。表中可以直接将有关资料的名称写上,资料较多时,也可将有关资料进行编号,填写编号、注明份数。监理单位的总监理工程师(建设单位项目负责人),应对该记录进行检查,检查验收后,签字认可,返还施工单位。如检查验收不合格,施工单位必须限期改正,否则不允许开工。

(1)现场质量管理制度:主要是图纸会审、设计交底、技术交底、施工组织设计编制审批程序、工序交接、质量检查评定制度、质量好的奖励办法及达不到质量要求的处罚办法、质量例会制度及质量问题处理制度等。

(2)质量责任制度:指检查质量负责人的分工,各项质量责任的落实规定,定期检查及有关人员奖罚制度等。

(3)主要专业工种操作上岗证书:指检查电工、架子工、测量工、起重和塔式起重机等垂直运输设备的司机、钢筋工、混凝土工、机械工、焊接工、瓦工、防水工等工种操作上岗证书。

(4)分包方资质与对分包单位的管理制度:指总承包单位应有管理分包单位的制度,主要是质量、技术的管理制度等。

(5)施工图审查情况:指检查施工图审查批准书及审查机构出具的审查报告。

(6)地质勘察资料:指有勘察资质的单位出具的正式地质勘察报告。

(7)施工组织设计编制及审批:指检查编写内容是否有针对性和可实施性,编制单位、审核单位、批准单位是否齐全。

(8)施工技术标准:指操作的依据和保证工程质量的基础,施工单位应编制不低于国家质量验收规范的操作规程等企业标准。

(9)工程质量检验制度:包括原材料、设备进场检验制度,施工过程的试验报告,竣工后的抽查检测,应专门制订抽测项目、抽测时间、抽测单位等计划,使监理、建设单位等都做到心中有数。

(10)混凝土搅拌站及计量设置:主要指检查设置在工地现场搅拌站的计量设施的精度、管理制度等内容。全部采用预拌混凝土时,此项目不查。

(11)现场材料、设备存放与管理制度:指为保持材料、设备质量必须有的措施。要根据规定制定现场材料、设备存放与管理制度,有符合要求的库房或料场等。详见表C.1.2。

表 C.1.2 施工现场质量管理检查记录

编号:

工程名称		施工许可证(开工证)		编号	
建设单位			项目负责人		
设计单位			项目负责人		
勘察单位			项目负责人		
监理单位			总监理工程师		
施工单位			项目经理		项目技术负责人
序 号	项 目		内 容		
1	现场质量管理制度				
2	质量责任制				
3	主要专业工种操作上岗证书				
4	专业承包单位资质管理制度				
5	施工图审查情况				
6	地质勘察资料				
7	施工组织设计编制及审批				
8	施工技术标准				
9	工程质量检验制度				
10	混凝土搅拌站及计量设置				
11	现场材料、设备存放与管理制度				
12					
检查结论:					

总监理工程师(建设单位项目负责人)　　　　　　　　　　　　　　　　年 月 日

3. 分包单位资质报审表

分包单位资格报审是指总承包单位在分包工程开工前,对分包单位的资格报项目监理机构审查确认。分包单位资质报审表应符合现行国家标准《建设工程监理规范》(GB/T 50319—2013)的有关规定,分包单位资质报审表填写提示如下:

（1）分包单位：按所报分包单位企业法人营业执照全称填写。

（2）分包单位资质材料：指按住房和城乡建设部令第 22 号颁布的《建筑业企业资质管理规定》，经建设行政主管部门进行资质审查核发的，具有相应专业承包企业资质等级和建筑业劳务分包企业资质的建筑业企业资质证书和企业法人营业执照副本。

（3）分包单位业绩材料：指分包单位近三年完成的与分包工程工作内容类似工程及工程质量的情况。

（4）分包工程名称(部位)：指拟分包给所报分包单位的工程项目名称(部位)。

（5）工程量：指分包工程项目的工作量(工程量)。

（6）分包工程合同额：指在拟签订的分包合同中填写的金额。

（7）专业监理工程师审查意见：专业监理工程师应对承包单位所报材料逐一进行审核，主要审查内容有：对取得施工总承包企业资质等级证书的分包单位，审查其核准的营业范围与拟承担的分包工程是否相符；对取得专业承包企业资质证书的分包单位，审查其核准的等级和范围与拟承担分包工程是否相符；对取得建筑业劳务分包企业资质的，审查其核准的资质与拟承担的分包工程是否相符。在此基础上，项目监理机构和建设单位认为必要时，会同承包单位对分包单位进行考查，主要核实承包单位的申报材料与实际情况是否属实。

专业监理工程师在审查或考查核实的(必要时)承包单位报送分包单位有关资料基础上，提出审查意见、考查报告(必要时)附报审表后，根据审查情况，如认定该分包单位具备分包条件，则批复"该分包单位具备分包条件，拟同意分包，请总监理工程师审核"，如认为不具备分包条件应简要指出不符合条件之处，并签署"拟不同意分包，请总监理工程师审查"的意见。

（8）总监理工程师审核意见：总监理工程师对专业监理工程师的审查意见、考查报告进行审核，如同意专业监理工程师意见，签署"同意（不同意）分包"；如不同意专业监理工程师意见，应简要指明与专业监理工程师的审查意见的不同之处，并签字确认是否同意分包的意见。

"分包单位资质报审表"详见表 C.1.3。

表 C.1.3　分包单位资质报审表

工程名称		施工编号	
		监理编号	
		日期	

致＿＿＿＿＿＿＿＿＿＿＿＿（监理单位）

　　经考察，我方认为拟选择的＿＿＿＿＿＿＿＿＿＿＿＿＿＿＿＿（分包单位）具有承担下列工程的施工资质和施工能力，可以保证本工程项目按施工合同的约定进行施工。分包后，我方仍承担总包单位的责任，请予以审查和批准。

附：1.□分包单位资质资料
　　2.□分包单位业绩材料
　　3.□中标通知书

续表

分包工程名称(部位)	工程量	分包工程合同额	备注
合计			

施工总承包单位(章)：_____

项目经理：_____

专业监理工程师审查意见：

专业监理工程师：_____

日期：_____

总监理工程师审核意见：

监理单位：_____

总监理工程师：_____

日期：_____

4. 建设工程质量事故调查、勘察笔录

工程质量事故及事故调查处理资料，主要是指工程质量调查处理记录。 当发生工程质量事故后，工程负责人应立即组织填写事故报告和事故处理意见记录，事故记录主要填写提示如下：

(1) 填写该表时应写明工程名称、调(勘)查时间、调(勘)查地点、参加人员及所在单位、姓名、职务、联系电话。

(2) "调(勘)查笔录"栏应填写工程质量事故发生的时间、具体部位、造成质量事故的原因，以及现场观察的现象，并初步估计造成的经济损失。

(3) 当工程质量事故发生后，应采用影像的形式真实记录现场的情况，以作为事故原因分析的依据，当留有现场证物照片或事故证据资料时，应在"有""无"选择框处划"√"并标注数量。

"建设工程质量事故调查、勘察记录"详见表 C.1.4。

表 C.1.4 建设工程质量事故调查、勘察记录

工程名称				编号	
				日期	
调(勘)查时间	年 月 日 时 分至 时 分				
调(勘)查地点					
参加人员	单位	姓名		职务	电话
被调查人					
陪同调(勘)查人员					
调(勘)查笔录					
现场证物照片	□有 □无 共 张 共 页				
事故证据资料	□有 □无 共 条 共 页				
被调查人签字				调(勘)查人签字	

5. 建设工程质量事故报告书

凡工程发生重大质量事故，均应按要求记载于工程质量事故报告书中。

(1)"事故发生时间"应记载年、月、日、时、分。

(2)"经济损失"是指因质量事故导致的返工、加固等费用，包括人工费、材料费和管理费。

(3)"事故经过、后果"包括倒塌情况（整体倒塌或局部倒塌的部位）、损失情况（伤亡人数、损失程度、倒塌面积等）；原因分析，包括设计原因（计算错误、构造不合理等）、施工原因（施工粗制滥造，材料、构配件或设备质量低劣等）、设计与施工的共同问题、不可抗力等。

(4)"事故发生后采取的措施"应写明对质量事故发生后采取的具体措施、对事故的控制情况及预防措施。

(5)"事故责任单位、责任人及处理意见"包括现场处理情况、设计和施工的技术措施、主要责任者及处理结果。

"建设工程质量事故报告书"详见表 3-2。

表 3-2 建设工程质量事故报告书

编号：

工程名称		建设地点	
建设单位		设计单位	
施工单位		建筑面积 工作量	
结构类型		事故发生时间	
上报时间		经济损失	

续表

工程名称		建设地点	
事故经过、后果与原因分析：			
事故发生后采取的措施：			
事故责任单位、责任人及处理意见：			
负责人		报告人	日期

6. 见证记录

(1)施工过程中，见证人应按照有见证取样和送检计划，对施工现场的取样和送检进行见证，并在试样或其包装上作出标识、封志。标识和封志应标明样品名称、样品数量、工程名称、取样部位、取样日期，并有取样人和见证人签字。见证人应填写见证记录，见证记录应列入工程档案，承担有见证取样的试验室，在检查确认委托试验文件和试样上的见证标识、封志无误后方可进行试验，否则应拒绝试验。

(2)单位工程有见证取样和送检次数不得少于试验总数的30%，试验总次数在10次以下的不得少于2次。

(3)重要工程或工程的重要部位可以增加见证取样和送检次数。送检试样在现场施工试验中随机抽检，不得另外进行。

(4)有见证取样和送检的各种试验项目，凡未按规定送检或送检次数达不到要求的，其工程质量应由法定检测单位进行检测确定，其检测费用由责任方承担。

(5)"见证记录"应由(监理单位或建设单位)见证人员填写，一式三份，其中，施工单位、监理单位和检测单位各一份，不得缺项、缺章。

"见证记录"详见表3-3。

表3-3 见证记录

工程名称		编 号	
样品名称		试件编号		取样数量	
取样部位/地点			取样日期	
见证取样说明				

续表

工程名称		编 号	
见证取样和送检印章			
签字栏	取样人员		见证人员

7. 见证试验检测汇总表

《建设工程监理规范》(GB/T 50319—2013)规定：项目监理机构应审查施工单位报送的用于工程的材料、构配件、设备的质量证明文件，应按有关规定、建设工程监理合同约定，对用于工程的材料进行见证取样、平行检验。见证试验检测是在监理单位人员的见证下，由施工单位有关人员对工程中设计结构安全的试块、试件和材料在现场取样并送至具备相应资质的检测单位进行的检测。见证取样及送检资料必须真实、完整，符合规定，不得伪造、涂改或丢失。如试验不合格，应加倍取样复试。见证试验检测汇总表填写提示如下：

（1）"试验项目"是指规范规定的应进行见证取样的某一项目。

（2）"应试验组/次数"是指该项目按照设计、规范、相关标准要求及试验计划应送检的总次数。

（3）"见证试验组/次数"是指该项目按见证取样要求的实际试验次数。

"见证试验检测汇总表"详见表 C.1.5。

表 C.1.5 见证试验检测汇总表

工程名称			编 号		
			填表日期		
建设单位			检测单位		
监理单位			见证人员		
施工单位			取样人员		
试验项目	应试验组/次数	见证试验组/次数	不合格次数		备注
制表人(签字)					

8. 施工日志

"施工日志"记录项目实施过程中技术质量管理和生产经营活动的日记,是施工的记录,是竣工总结的依据,也是工程施工质量原因分析的依据。施工日志一般由项目经理部确定专人负责填写,要求从工程开工之日起至竣工之日止,逐日记录。"施工日志"主要内容如下:

(1)施工情况记录:其包括现场准备,材料进场情况,施工部位,施工内容,机械作业,安全、技术交底要求情况,班组工作以及生产存在问题等。

(2)技术、质量、安全工作记录:其包括:技术质量安全措施的贯彻实施、质量检查评定验收及发生的技术质量安全问题及处理情况记录;原材料检验结果、施工检验结果的记录;质量、安全、机械事故的记录;有关洽商、变更情况,交代的方法、对象、结果的记录;有关单位业务往来记录;有关新工艺、新材料的推广使用情况记录;气候、气温、地质以及停电、停水、停工待料的记录;混凝土试块、砂浆试块的留置组数、时间以及28天的强度试验报告结果的记录等。

"施工日志"记录要求对整个施工阶段全面记录,如实反映工程进展情况,及时记录,事实准确,内容完整。"施工日志"详见表C.1.6。

表C.1.6 施工日志

工程名称			编号	
			日期	
施工单位				
天气状况		风力		最高/最低温度
施工情况记录:(施工部位、施工内容、机械使用情况、劳动力情况,施工中存在的问题等)				
技术、质量、安全工作记录:(技术、质量安全活动、检查验收、技术质量安全问题等)				
记录人(签字)				

职业技能实际训练

训练1 编制"工程概况表",见表C.1.1。

表C.1.1 工程概况表

	工程名称	××工程	编号	×××
一般情况	建设单位	×××		
	建设用途	住宅	设计单位	××建筑设计院
	建设地点	××区×路××号	勘察单位	××勘察设计院
	建筑面积	4 680 m²	监理单位	××监理公司
	工 期	××天	施工单位	××建筑工程公司
	计划开工日期	××年×月×日	计划竣工日期	××年×月×日
	结构类型	框架	基础类型	筏形
	层 次	地上六层	建筑檐高	18.6 m
	地上面积	4 680 m²	地下面积	1 185 m²
	人防等级	—	抗震等级	二级,设防烈度8度
构造特征	地基与基础	基础为筏形基础,设有地梁		
	柱、内外墙	柱为C30混凝土,围护墙为陶粒砌块和红机砖		
	梁、板、楼盖	梁板为C30混凝土		
	外墙装饰	浮雕涂料		
	内墙装饰	耐擦洗涂料		
	楼地面装饰	大部分为现制水磨石,部分为细石混凝土地面		
	屋面构造	保温层、找平层、SBS改性沥青防水卷材层		
	防火设备	各层均设消火栓箱		
	机电系统	本工程含动力,照明为交流电源,火灾报警为集中报警装置		
	其他	—		

注:本表由施工单位填写,建设单位、监理单位、城建档案馆与施工单位各存一份。

训练2 编制"建设工程质量事故报告书",见表3-4。

表3-4 建设工程质量事故报告书

编号: ×××

工程名称	××综合楼	建设地点	××区××路××号
建设单位	××大学	设计单位	××建筑设计院
施工单位	××建筑工程公司	建筑面积 工作量	6 321.00 m² 631.00万元
结构类型	框架结构	事故发生时间	××年×月×日
上报时间	××年×月×日	经济损失	2 000.00元

续表

事故经过、后果与原因分析：
××年×月×日在六层柱混凝土施工时，由于振捣工没有按照混凝土振捣操作规程操作，致使六层①～Ⓐ轴交接处一根柱混凝土发生漏筋、漏石、孔洞等质量缺陷。

事故发生后采取的措施：
经研究决定对该柱采取返工处理，重新进行混凝土浇筑。

事故责任单位、责任人及处理意见：
事故责任单位：混凝土施工班组
责任人：振捣工
处理意见：
(1)对直接责任人进行质量意识教育，切实加强混凝土操作规程培训学习及贯彻执行，持证上岗，并处以适当的经济处罚。
(2)对所在班组提出批评，切实加强过程控制。

负责人	×××	报告人	×××	日期	××年×月×日

训练3 编制"施工日志"，见表C.1.6。

表C.1.6 施工日志

工程名称	×××工程	编号	×××
		日期	××年×月×日
施工单位	×××建筑工程公司		
天气状况	风力		最高/最低温度
晴	2～3级		24℃/19℃

施工情况记录(施工部位、施工内容、机械使用情况、劳动力情况、施工中存在的问题等)：
    地下二层
    (1)Ⅰ段(①～⑬/Ⓐ～Ⓙ轴)顶板钢筋绑扎，埋件固定，塔式起重机作业，型号××，钢筋班组15人，组长：×××。
    (2)Ⅱ段(⑭～⑲/Ⓐ～Ⓙ轴)梁开始钢筋绑扎，塔式起重机作业，型号××，钢筋班组18人。
    (3)Ⅲ段(⑲～㉘/Ⓑ～Ⓕ轴)该部位施工图纸由设计单位提出修改，待设计通知单下发后，组织相关人员施工。
    (4)Ⅳ段(㉘～㊶/Ⓑ～Ⓖ轴)剪力墙、柱模板安装，塔式起重机作业，型号××，木工班组21人。
    (5)发现问题：Ⅰ段顶板(①～⑬/Ⓐ～Ⓙ轴)钢筋保护层厚度不够，马镫铁间距未按要求布置。

续表

技术、质量、安全工作记录(技术、质量安全活动、检查验收、技术质量安全问题等):
(1)建设、设计、监理、施工单位在现场召开技术质量安全工作会议,参加人员:×××(职务)等。 会议决定: 1)±0.000以下结构于×月×日前完成。 2)地下三层回填土×月×日前完成,地下二层回填土×月×日前完成。 3)对施工中发现问题(××××××××××××××××问题),立即返修,整改复查,符合设计、规范要求。 (2)安全生产方面:由安全员带领3人巡视检查,主要是"三宝、四口、五临边",检查全面到位,无隐患。 (3)检查评定验收:各施工班组施工工序合理、科学,Ⅱ段(⑭～⑲/Ⓐ～Ⓙ轴)梁,Ⅳ段(㉘～㊶/Ⓑ～Ⓖ轴)剪力墙、柱予以验收,实测误差达到规范要求。
记录人(签字)   ×××

二、施工技术管理资料实训

 实训引言

施工技术资料是施工单位用以指导、规范和科学施工的资料。 建筑工程常用施工技术资料多由施工单位填写,见表3-5。

填写之前,应先了解建筑工程施工技术资料的组成,熟悉这些技术资料都由哪些单位提供,哪些资料需要填写,哪些资料只需收集。

表3-5 建筑工程常用的施工技术资料

序号	施工文件	提供单位	备注
1	工程技术文件报审表	施工单位	表C.2.1
2	施工组织设计(方案)报审表	施工单位	表3-6
3	危险性较大分部分项工程施工方案专家论证表	施工单位	表C.2.2
4	技术交底记录	施工单位	表C.2.3
5	图纸会审记录	施工单位	表C.2.4
6	设计变更通知单	设计单位	表C.2.5
7	工程洽商记录(技术核定单)	施工单位	表C.2.6

 实训内容及要求

1. 工程技术文件报审表

施工单位在工程项目开工前应将编制好的工程技术文件,经施工单位技术部门审查签认,并由施工单位总工或项目技术负责人审查批准后,填写"工程技术文件报审表"报送项目监理部。总监理工程师组织专业监理工程师审核,填写审核意见,总监理工程师签署审定结论，详见表 C.2.1。

工程技术文件报审应有时限规定，即工程项目开工前，施工和监理单位均应按照施工合同或约定的时限要求完成各自的报送和审批工作。当涉及主体和承重结构改动或增加荷载时，必须将有关设计文件报原结构设计单位或具备相应资质的设计单位核查确认，并取得认可文件后方可正式施工。

表 C.2.1　工程技术文件报审表

工程名称		施工编号	
		监理编号	
		日期	
致：＿＿＿＿＿＿（监理单位） 　　我方已编制完成了＿＿＿＿＿＿技术文件，并经相关技术负责人审查批准，请予以审定。 　　附：技术文件＿＿页＿＿册 施工总承包单位＿＿＿＿＿＿　　　　　项目经理/负责人＿＿＿＿＿＿ 专业承包单位＿＿＿＿＿＿　　　　　　项目经理/负责人＿＿＿＿＿＿			
专业监理工程师审查意见： 　　工程技术文件合理、可行，请总监理工程师审核。 　　　　　　　　　　　　　　　　　　　　　　　　专业监理工程师＿＿＿＿＿＿ 　　　　　　　　　　　　　　　　　　　　　　　　日期＿＿＿＿＿＿			
总监理工程师审批意见： 　　审定结论：□同意　　□修改后再报　　□重新编制 　　　　　　　　　　　　　　　　　　　　　　　　监理单位＿＿＿＿＿＿ 　　　　　　　　　　　　　　　　　　　　　　　　总监理工程师＿＿＿＿＿＿ 　　　　　　　　　　　　　　　　　　　　　　　　日期＿＿＿＿＿＿			

2. 施工组织设计(方案)报审表

施工组织设计是指施工单位开工前根据工程概况、特点、建设地点与环境特征、施工条件、项目管理特点及总体要求，对工程所做的施工组织、施工工艺、施工计划等方面的设计，是指导拟建工程全过程中各项活动的技术、经济和组织的综合性文件，由主持该项目的承建单位技术管理部门编制，并经总监理工程师审定。施工组织设计(方案)报审表填写提示如下：

建筑施工组织设计规范

(1)工程施工组织设计(方案)：填写相应的建设项目、单位工程、分部工程、分项工程或关键工序名称。

(2)附件：指需要审核的施工组织总设计，单位工程施工组织设计或施工方案。

(3)承包单位：填写直接编制方案且负责该工程实施的单位。如各分包单位首先填写此栏，后经总承包单位审核并在"施工单位审核意见"栏写出意见后再报送监理单位。

(4)专业监理工程师审查意见：专业监理工程师对施工组织设计(方案)应审核其完整性、符合性、适用性、合理性、可操作性及实现目标的保证措施。如符合要求，专业监理工程师审查意见应签署"施工组织设计(方案)合理、可行,且审批手续齐全,拟同意承包单位按该施工组织设计(方案)组织施工,请总监理工程师审核"。如不符合要求,专业监理工程师审查意见应简要指出不符合要求之处,并提出修改补充意见后,签署"暂不同意(部分或全部应指明)承包单位按该施工组织设计(方案)组织施工,待修改完善后再报,请总监理工程师审核"。

(5)总监理工程师审核意见:总监理工程师对专业监理工程师的结果进行审核,如同意专业监理工程师的审查意见,应签署"同意专业监理工程师审查意见,同意承包单位按该施工组织设计(方案)组织施工";如不同意专业监理工程师的审查意见,应简要指明与专业监理工程师审查意见中的不同之处,签署修改意见;并签字确认最终意见"不同意承包单位按该施工组织设计(方案)组织施工(修改后再报)"。

工组织设计(方案)报审表详见表3-6。

表3-6 施工组织设计(方案)报审表

工程名称:_____   编号:_____

致:_____(监理单位): 　　我方已根据施工合同的有关规定完成了_____工程施工组织设计(方案)的编制,并经我单位上级技术负责人审查批准,请予以审查。 　　附件:施工组织设计(方案)。 　　　　　　　　　　　　　　　　　　　　　　承包单位(章)_____ 　　　　　　　　　　　　　　　　　　　　　　项目经理_____ 　　　　　　　　　　　　　　　　　　　　　　日　期____年___月___日
专业监理工程师审核意见: 　　　　　　　　　　　　　　　　　　　　　　专业监理工程师_____ 　　　　　　　　　　　　　　　　　　　　　　日　期____年___月___日
总监理工程师审核意见: 　　　　　　　　　　　　　　　　　　　　　　项目监理机构_____ 　　　　　　　　　　　　　　　　　　　　　　总监理工程师_____ 　　　　　　　　　　　　　　　　　　　　　　日　期____年___月___日

3. 危险性较大分部分项工程施工方案专家论证表

危险性较大的分部分项工程是指建筑工程在施工过程中存在的、可能导致作业人员群死群伤或造成重大不良社会影响的分部分项工程。危险性较大的分部分项工程安全专项施工方案是指施工单位在编制施工组织（总）设计的基础上，针对危险性较大的分部分项工程单独编制的安全技术措施文件。根据《建设工程安全生产管理条例》（国务院第393号令），对基坑支护与降水工程、土方开挖工程、模板工程、起重吊装工程、脚手架工程、拆除爆破工程、国务院住房城乡建设主管部门或者其他有关部门确定的其他危险性较大的工程，应编制专项施工方案并附具安全验算结果。对工程中（超过一定规模的危险性较大的分部分项工程）涉及深基坑、地下暗挖工程、高大模板工程的专项施工方案，施工单位还应当组织专家进行论证、审查。

附：危险性较大的分部分项工程范围。

(1) 基坑工程。

1) 开挖深度超过3 m（含3 m）的基坑（槽）的土方开挖、支护、降水工程。

2) 开挖深度虽未超过3 m，但地质条件、周围环境和地下管线复杂，或影响毗邻建、构筑物安全的基坑（槽）的土方开挖、支护、降水工程。

危险性较大的分部分项工程安全管理规定

(2) 模板工程及支撑体系。

1) 各类工具式模板工程：包括滑模、爬模、飞模、隧道模等工程。

2) 混凝土模板支撑工程：搭设高度5 m及以上，或搭设跨度10 m及以上，或施工总荷载（荷载效应基本组合的设计值，以下简称设计值）10 kN/m^2 及以上，或集中线荷载（设计值）15 kN/m及以上，或高度大于支撑水平投影宽度且相对独立无联系构件的混凝土模板支撑工程。

3) 承重支撑体系：用于钢结构安装等满堂支撑体系。

(3) 起重吊装及起重机械安装拆卸工程。

1) 采用非常规起重设备、方法，且单件起吊重量在10 kN及以上的起重吊装工程。

2) 采用起重机械进行安装的工程。

3) 起重机械安装和拆卸工程。

(4) 脚手架工程。

1) 搭设高度24 m及以上的落地式钢管脚手架工程（包括采光井、电梯井脚手架）。

2) 附着式升降脚手架工程。

3) 悬挑式脚手架工程。

4) 高处作业吊篮。

5) 卸料平台、操作平台工程。

6) 异形脚手架工程。

(5) 拆除工程。可能影响行人、交通、电力设施、通信设施或其他建、构筑物安全的拆除工程。

(6) 暗挖工程。采用矿山法、盾构法、顶管法施工的隧道、洞室工程。

(7) 其他。

1) 建筑幕墙安装工程。

2) 钢结构、网架和索膜结构安装工程。

3)人工挖孔桩工程。
4)水下作业工程。
5)装配式建筑混凝土预制构件安装工程。
6)采用新技术、新工艺、新材料、新设备可能影响工程施工安全,尚无国家、行业及地方技术标准的分部分项工程。

专家论证的主要内容包括:专项方案内容是否完整、可行;专项方案计算书和验算依据是否符合有关标准规定;安全施工的基本条件是否满足现场实际情况。专项方案经论证后,专家组应当提交论证报告,对论证的内容提出明确意见,并在论证报告上签字。施工单位应当根据论证报告修改完善专项方案,并经施工单位技术负责人、项目总监理工程师、建设单位项目负责人签字后,方可组织实施。

施工单位填报"危险性较大分部分项工程施工方案论证表"应一式四份,由建设单位、施工单位、监理单位、城建档案馆各保存一份(选择性归档保存)。"危险性较大分部分项工程施工方案专家论证表"应一式两份,并应由监理单位、施工单位各保存一份,详见表C.2.2。

表 C.2.2 危险性较大分部分项工程施工方案专家论证表

工程名称				编号		
施工总承包单位				项目负责人		
专业承包单位				项目负责人		
分项工程名称						
专家一览表							
姓名	性别	年龄	工作单位	职务	职称	专业
专家论证意见: 年 月 日							
签字栏	组长: 专家:							

4. 技术交底记录

技术交底是施工企业极为重要的一项技术管理工作,其目的是使参与建筑的施工人员熟悉和了解工程项目的特点、设计意图和应注意的质量问题、质量标准的施工资料。技术交底要内容全面、重点明确、具体而详细,详见表C.2.3。技术交底记录填写提示如下:

(1)技术交底记录应包括施工组织设计交底、专项施工方案技术交底、分项工程施工技术交底、"四新"(新材料、新产品、新技术、新工艺)技术交底和设计变更技术交底。各项交底应有文字记录,交底双方签字应齐全。

(2)重点和大型工程施工组织设计交底,应由施工企业的技术负责人把主要设计要求、施工措施以及重要事项对项目主要管理人员进行交底。其他工程施工组织设计交底应由项目技术负责人进行。

(3)专项施工方案技术交底应由项目专业技术负责人负责,根据专项施工方案对专业工长进行。

(4)分项工程施工技术交底应由专业工长对专业施工班组(或专业分包)进行。

(5)"四新"技术交底应由项目技术负责人组织有关专业人员编制。

(6)设计变更技术应由项目技术部门根据变更要求,并结合具体施工步骤、措施及注意事项等对专业工长进行交底。

(7)其他技术交底:当分项工程施工技术交底时,应填写"分项工程名称"栏,其他技术交底可不填写。

表 C.2.3 技术交底记录

编号:_____

工程名称		交底日期	
施工单位		分项工程名称	
交底摘要		页 数	共 页,第 页
交底内容:			
审核人	交底人		接受交底人

注:1. 本表由施工单位填写,交底单位与接受交底单位各存一份。
   2. 当分项工程施工技术交底时,应填写分项工程名称栏,其他技术交底可不填写。

5. 图纸会审记录

图纸会审记录是对已正式签署的设计文件进行交底、审查和会审,对提出的问题予以记录的技术文件,是施工文件的组成部分,与施工图具有同等效力,应由建设单位、监理单位、设计单位和施工单位签字,并及时上报公司技术部门和经营部门。

图纸会审记录应根据专业(建筑、结构、给排水及采暖、电气、通风空调、智能系统等)汇总、整理。图纸会审记录一经各方签字确认,即成为设计文件的一部分,成为现场施工的依据,详见表 C.2.4。图纸会审记录填写提示如下:

(1)监理、施工单位应将各自提出的图纸问题及意见,按专业整理、汇总后报建设单位,由建设单位提交设计单位,做交底准备。

(2)图纸会审应由建设单位组织设计、监理和施工单位技术负责人及有关人员参加。

设计单位对各专业问题进行交底;施工单位负责将设计交底内容按专业汇总、整理,形成图纸会审记录。

(3)图纸会审记录应由建设、设计、监理和施工单位的项目相关负责人签字确认,形成正式图纸会审记录。任何人不得擅自在会审记录上涂改或变更其内容。

表 C.2.4 图纸会审记录

编号：_____

工程名称		日期	
地点		专业名称	
设计单位		页　数	共　页，第　页

序号	图号	图纸问题	答复意见
1			
2			
3			
4			
5			
签字栏	建设单位	监理单位	设计单位	施工单位

注：

6. 设计变更通知单

设计变更是针对项目设计的建筑构造、细部做法、使用功能、钢筋代换、细部尺寸修改、设计计算错误等问题提出修改意见。提出修改意见的可以是建设单位、设计单位、施工单位。设计变更必须经过设计单位同意，并提出设计变更通知单或出具设计变更图纸。

由设计单位或建设单位提出的设计图纸修改，应由设计单位提出设计变更联系单。由施工单位要求设计变更和确认设计的问题，施工单位提出技术联系单通过监理或建设单位确认后，由设计单位提供设计变更联系单，详见表 C.2.5。设计变更通知单填写提示如下：

(1) 收集设计变更通知单所附的图纸及说明文件等。

(2) 设计变更通知单由设计单位发出，转签后建设单位、监理单位、施工单位、城建档案馆各保存一份。

(3) 设计单位应及时下达设计变更通知单，要做到内容翔实，必要时应附图，并逐条注明应修改图纸的图号。设计变更通知单应由设计专业负责人以及建设（监理）和施工单位的相关负责人签字确认。

(4) 设计变更是施工图纸的补充和修改的记载，是现场施工的依据。由建设单位提出设计变更时，必须经设计单位同意。不同专业的设计变更应分别办理，不得办理在同一份设计变更通知单上。

(5) "专业名称"栏应按专业填写，如建筑、结构、给水排水及采暖、电气、通风空调等。

表 C.2.5 设计变更通知单

编号：_____

工程名称		专业名称	
设计单位名称		日期	
变更摘要		页数	共　页，第　页

续表

序号	图号	变更内容
1		
2		
3		
4		
5		
6		
签字栏	建设单位	监理单位	设计单位	施工单位

7. 工程洽商记录(技术核定单)

洽商是建筑工程施工过程中一种协调业主和施工方、施工方和设计方的记录,分为技术洽商和经济洽商两种,一般由施工方提出。其中,技术洽商是对原设计图纸中与施工过程中发生矛盾处的变更,也可以说是在满足设计的前提下,为方便施工对原设计做的变更,详见表C.2.6。工程洽商记录(技术核定单)填写提示如下:

(1)工程洽商记录(技术核定单)应收集所附的图纸及说明文件等。

(2)工程洽商记录(技术核定单)应分专业办理,内容翔实,必要时应附图,并逐条注明应修改图纸的图号。

工程洽商记录(技术核定单)应由设计专业负责人以及建设、监理和施工单位的相关负责人签字确认。

(3)设计单位如委托建设(监理)单位办理签认,应办理委托手续。

(4)填写工程洽商记录(技术核定单)时,不同专业的洽商应分别办理,不得办理在同一份记录上。签字应齐全,签字栏内只能填写人员姓名,不得另写其他意见。

(5)"专业名称"栏应按专业填写,如建筑、结构、给水排水及采暖、电气、通风空调等。

表C.2.6 工程洽商记录(技术核定单)

编号:

工程名称		专业名称	
提出单位		日期	
洽商摘要		页数	共 页,第 页

序号	图号	洽商内容
1		
2		
3		
签字栏	建设单位	监理单位	设计单位	施工单位

注:1. 本表由建设单位、设计单位、监理单位、施工单位、城建档案馆各保存一份。
    2. 涉及图纸修改的,必须注明应修改图纸的图号。

职业技能实际训练

训练 4 编制"施工组织设计(方案)报审表",见表 3-7。

表 3-7 施工组织设计(方案)报审表

工程名称:__××工程__ 　　　　　　　　　　　　　　　　　　　　　　　编号:_____

致__××监理公司__(监理单位):
　　我方已根据施工合同的有关规定完成了__××大厦__工程施工组织设计(方案)的编制,并经我单位上级技术负责人审查批准,请予以审查。
　　附件:施工组织设计(方案)。

　　　　　　　　　　　　　　　　　　　　　　　承包单位(章)　__×××建筑工程公司__
　　　　　　　　　　　　　　　　　　　　　　　项目经理_____×××_____
　　　　　　　　　　　　　　　　　　　　　　　日　　　期_____××年×月×日_____

专业监理工程师审核意见:

　　施工组织设计(方案)合理、可行,且审批手续齐全,拟同意承包单位按该施工组织设计(方案)组织施工,请总监理工程师审核。
　　若不符合要求,专业监理工程师审查意见应简要指出不符合要求之处,并提出修改补充意见后签署"暂不同意(部分或全部应指明)承包单位按该施工组织设计(方案)组织施工,待修改完善后再报,请总监理工程师审核"。

　　　　　　　　　　　　　　　　　　　　　　　专业监理工程师_____×××_____
　　　　　　　　　　　　　　　　　　　　　　　日　　　期　__××年×月×日__

总监理工程师审核意见:

　　同意专业监理工程师审查意见,同意承包单位按该施工组织设计(方案)组织施工。
　　如不同意专业监理工程师的审查意见,应简要指明与专业监理工程师审查意见中的不同之处,签署修改意见;并签字确认最终结论"不同意承包单位按该施工组织设计(方案)组织施工(修改后再报)"。

　　　　　　　　　　　　　　　　　　　　　　　项目监理机构　__××监理公司××项目监理部__
　　　　　　　　　　　　　　　　　　　　　　　总监理工程师_____
　　　　　　　　　　　　　　　　　　　　　　　日　　　期　__××年×月×日__

训练 5 编制"图纸会审记录",见表 C.2.4。

表 C.2.4 图纸会审记录

编号:＿＿＿＿＿＿

工程名称	××工程		日期	××年×月×日
地点	×××		专业名称	建筑结构
设计单位	×××设计院		页　数	共　页,第　页
序号	图号	图纸问题		答复意见
1	结—1	结构说明 3 中,混凝土材料:地下室底板外墙使用抗渗混凝土,未给出抗渗等级		抗渗等级为 P8
2	结—3,结—5	地下一层顶板③～⑤/Ⓒ～Ⓔ轴分布筋未标注		分布筋双向双排,均为 φ8@200
3	结—10	Z14 中标高为 25.20～28.00 m 与剖面图不符		Z14 标高应改为 21.50～28.00 m
4	建—1,结—3,结—12	地下室外墙防水层使用 SBSⅡ型防水卷材,是否需加砌砖墙做防水保护层		砌 120 厚砖墙做保护层
5				
签字栏	建设单位 ×××	监理单位 ×××	设计单位 ×××	施工单位 ×××

注:本记录由施工单位整理、汇总,一式五份,建设单位、设计单位、监理单位、施工单位、城建档案馆各保存一份。

训练 6 编制"设计变更通知单",见表 C.2.5。

表 C.2.5 设计变更通知单

编号:＿＿＿＿＿＿

工程名称	×××工程	专业名称	结构
设计单位名称	×××设计院	日期	××年×月×日
变更摘要		页数	共　页,第　页
序号	图号	变更内容	
1	结施—2、3	DL1、DL2 梁底标高−2.000 改为−1.800,切 DL1 上挑耳取消	
2	结施—14	Z10 中配筋 φ18 改为 φ20,根数不变	
3	结施—30	KL—42,44 的梁高 700 改为 900	
4	结施—40	二层梁顶 LL—18 梁高出板面 0.55 改为 0.60	
5	结施—50	结构图中标尺寸 878 全部改为 873	
6	结施—55	KZ5 截面 1378 改为 1373,基础也相应改变	
签字栏	建设单位 ×××	监理单位 ×××	设计单位 ×××	施工单位 ×××

三、施工进度造价资料

实训引言

建筑工程进度造价资料是施工单位依据企业的管理制度在实施工程管理过程中,控制工程进度、投资、工期措施,对人员、物资组织管理活动所形成的资料。建筑工程常用的进度造价资料多由施工单位填写,见表3-8。

在进行建筑工程进度造价资料填写之前,应先了解施工进度造价资料的组成,熟悉这些进度造价资料都由哪些单位提供,哪些资料需要填写,哪些资料只需收集。

表3-8 建筑工程常用的进度造价资料

序号	施工文件	提供单位	备注
1	工程开工报审表	施工单位	表C.3.1
2	工程复工报审表	施工单位	表C.3.2
3	施工进度计划报审表	施工单位	表C.3.3
4	施工进度计划	施工单位	
5	人、机、料动态表	施工单位	表C.3.4
6	工程延期申请表	施工单位	表C.3.5
7	工程款支付申请表	施工单位	表C.3.6
8	工程变更费用报审表	施工单位	表C.3.7
9	费用索赔申请表	施工单位	表C.3.8

实训内容及要求

1. 工程开工报审表

按照现行国家标准《建设工程监理规范》(GB/T 50319—2013)的有关规定,施工单位在工程开工之前,必须具备完善的开工条件。申报单位完成准备工作后应向项目监理机构报送"工程开工报审表"及相关资料。由建设单位直接分包的工程,开工时也要填写开工报告。开工报告由总承包单位在完成施工准备并取得施工许可证之后填写,经施工单位的工程管理部门审核通过,法人代表或其委托人签字并加盖法人单位公章,报请监理、建设单位审批,详见表C.3.1。"工程开工报审表"填写提示如下:

(1)工程名称:指相应的建设项目或单位工程名称,应与施工图的工程名称一致。

(2)附件:承包单位应将《建设工程施工许可证》(复印件),施工组织设计,施工测量放线资料,现场主要管理人员和特殊工种人员资格证和上岗证,现场管理人员、机具、施工人员进场情况,工程主要材料落实情况以及施工现场道路、水、电、通信等是否已达到开工条件等证明文件作为附件同时报送。

(3)审查意见:总监理工程师应指定专业监理工程师对承包单位的准备情况进行检查,除检查所报内容外,还应对施工现场临时设施是否满足开工要求,地下障碍物是否清除或查明，测量控制桩、试验室是否经项目监理机构审查确认等进行检查并逐项记录检查结果，报项目总监理工程师审核。总监理工程师确认具备开工条件时，签署同意开工并报告建设单位；否则，应简要指出不符合开工条件要求之处。

表 C.3.1　工程开工报审表

工程名称：＿＿＿＿＿＿ 编号：＿＿＿＿＿
致＿＿＿＿＿＿＿（监理单位）： 　　我方承担的＿＿＿＿＿＿工程，已完成了以下各项工作，具备了开工条件，特此申请施工，请核查并签发开工指令。 附件：   　　　　　　　　　　　　　承包单位(章)＿＿＿＿＿＿＿＿ 　　　　　　　　　　　　　项目经理＿＿＿＿＿＿＿＿ 　　　　　　　　　　　　　日　　期＿＿＿＿＿＿＿＿
审查意见：   　　　　　　　　　　　　　项目监理机构＿＿＿＿＿＿＿＿ 　　　　　　　　　　　　　总监理工程师＿＿＿＿＿＿＿＿ 　　　　　　　　　　　　　日　　期＿＿＿＿＿＿＿＿

2. 工程复工报审表

按照现行国家标准《建设工程监理规范》(GB/T 50319—2013)的有关规定，工程施工过程中发生停工的事件时，由相关单位提出停工要求，填写工程停工报告，建设单位或建筑主管单位批准备案。当具备复工条件时填写工程复工报告，申请复工。对项目监理机构不同意复工的复工报审，承包单位按要求完成后仍用该表报审，详见表 C.3.2。"工程复工报审表"填写提示如下：

(1)工程名称：填写相应停工工程项目名称。

(2)附件：工程暂停原因是由承包单位的原因引起时，承包单位应报告整改情况和预防措施；工程暂停原因是由非承包单位的原因引起时，承包单位仅提供工程暂停原因消失证明。

(3)审查意见：总监理工程师应指定专业监理工程师对复工条件进行复核，在施工合同约定的时间内完成对复工申请的审批，符合复工条件的签署"工程具备了复工条件，同意复工"；不符合复工条件的签署"不同意复工"，并注明不同意复工的原因和对承包单位的要求。

表 C.3.2　工程复工报审表

工程名称：_____　　　　　　　　　　　　　　　　　　编号：_____

致：_____（项目监理机构） 　　编号为_____《工程暂停令》所停工的_____部位（工序）已满足复工条件，我方申请于___年___月___日复工，请予以审批。 　　附件：证明文件资料   　　　　　　　　　　　　　　　　　　　　　　　施工项目经理部（盖章） 　　　　　　　　　　　　　　　　　　　　　　　项目经理（签字） 　　　　　　　　　　　　　　　　　　　　　　　　　　年　月　日
审查意见：   　　　　　　　　　　　　　　　　　　　　　　　项目监理机构（盖章） 　　　　　　　　　　　　　　　　　　　　　　　总监理工程师（签字） 　　　　　　　　　　　　　　　　　　　　　　　　　　年　月　日
审批意见：   　　　　　　　　　　　　　　　　　　　　　　　建设单位（盖章） 　　　　　　　　　　　　　　　　　　　　　　　建设单位代表（签字） 　　　　　　　　　　　　　　　　　　　　　　　　　　年　月　日

注：本表一式三份，项目监理机构、建设单位、施工单位各一份。

3. 施工进度计划报审表

施工进度计划报审是承包单位根据已批准的施工总进度计划，按施工合同约定或监理工程师要求，编制的施工进度计划报项目监理机构审查、确认和批准。监理机构对施工进度的审查或批准，并不解除承包单位对施工进度计划的责任和义务，详见表 C.3.3。"施工进度计划报审表"填写提示如下：

（1）工程名称：填写所报进度计划的工程名称。

（2）对施工进度计划，主要进行如下审核：

1）进度安排是否符合工程项目建设总进度，计划中总目标和分目标的要求，是否符合施工合同中开、竣工日期的规定。

2）施工总进度计划中的项目是否有遗漏，分期施工是否满足分批交工的需要和配套交工的要求。

3）施工顺序的安排是否符合施工工艺的要求。

4）劳动力、材料、构配件、施工机具及设备，施工水、电等生产要素的供应计划是否能保证进度计划的实现，供应是否均衡，需求高峰期是否有足够能力实现计划供应。

5)由建设单位提供的施工条件(资金、施工图纸、施工场地、采供的物资设备等),承包单位在施工进度计划中所提出的供应时间和数量是否明确、合理,是否有造成建设单位违约而导致工程延期和费用索赔的可能。

6)工期是否进行了优化,进度安排是否合理。

7)总、分包单位分别编制的各单项工程施工进度计划之间是否协调,专业分工与计划衔接是否明确、合理。

(3)按照现行国家标准《建筑工程监理规范》(GB/T 50319—2013)的有关规定,通过专业监理工程师的审核,提出审查意见报总监理工程师,总监理工程师审核后如同意承包单位所报计划,则应签署"本月编制的施工进度计划具有可行性和可操作性,与工程实际情况相符合,满足合同工期及总控制计划的要求,予以通过。同意按此计划组织施工"。如不同意承包单位所报计划,则签署"不同意按此进度计划施工",并简要说明不同意的原因及理由。

表 C.3.3 施工进度计划报审表

工程名称:_____   编号:_____

致:_____(项目监理机构) 　　根据施工合同约定,我方已完成_____工程施工进度计划的编制和批准,请予以审查。 附件:□施工总进度计划 　　　□阶段性进度计划 　　　　　　　　　　　　　　　　　　　　　　施工项目经理部(盖章) 　　　　　　　　　　　　　　　　　　　　　　项目经理(签字) 　　　　　　　　　　　　　　　　　　　　　　　　年　月　日
审查意见: 　　　　　　　　　　　　　　　　　　　　　　专业监理工程师(签字) 　　　　　　　　　　　　　　　　　　　　　　　　年　月　日
审核意见: 　　　　　　　　　　　　　　　　　　　　　　项目监理机构(盖章) 　　　　　　　　　　　　　　　　　　　　　　总监理工程师(签字) 　　　　　　　　　　　　　　　　　　　　　　　　年　月　日
注:本表一式三份,项目监理机构、建设单位、施工单位各一份。

4. 人、机、料动态表

人、机、料动态表是根据进度计划，由施工单位每月 25 日前向监理单位承报的本月使用的人、机、料的情况，监理工程师收到此报表后，认真核实施工组织设计及现场的施工进度，特别对经常的机械、材料进行审查，以此对进度作出准确判断，详见表 C.3.4。

表 C.3.4 _____年_____月人、机、料动态表

工程名称			编号		
			日期		

致_____（监理单位）：
根据_____年_____月施工进度情况，我方现报上_____年_____月人、机、料统计表。

劳动力	工种				合计
	人数				
	持证人数				
主要机械	机械名称	生产厂家	规格、型号	数量	
主要材料	名称	单位	上月库存量	本月进场量	本月消耗量	本月库存量

附件：

施工单位_____
项目经理_____

5. 工程延期申请表

工程延期报审是指发生了施工合同约定由建设单位承担责任的延长工期事件后，承包单位提出的工期索赔。工程延期报项目监理机构审核确认，总监理工程师在签字确认工程延期前，应与建设单位、承包单位协商，宜将其与费用索赔一并考虑处理。总监理工程师应在施工合同约定的期限内签发工程延期申请表，或发出要求承包单位提交有关延期的进一步详细资料的通知。批准延期时间不能长于工程最终延期批准的时间，详见表 C.3.5。
"工程延期申请表"填写提示如下：

（1）"根据合同_____条_____款的规定"：填写提出工期索赔所依据的施工合同条目。

（2）"由于_____原因"：填写导致工期拖延的事件。

（3）工期延期的依据及工期计算：指索赔所依据的施工合同条款；导致工程延期事件的事实；工程拖延的计算方式及过程。

（4）合同竣工日期：指建设单位与承包单位签订的施工合同中确定的竣工日期或最终批准的竣工日期。

(5)申请延长竣工日期：指合同竣工日期加上本次申请延长工期后的竣工日期。
(6)证明材料：指所有能证明非承包单位原因导致工程延期的证明材料。

表 C.3.5　工程延期申请表

工程名称：_____　　　　　　　　　　　　　　编号：_____

致_____（监理单位）：
　　根据施工合同_____条_____款的规定，由于_____
_____原因，我方申请工程延期，请予以批准。
附件：
1. 工程延期的依据及工期计算：

合同竣工日期：
申请延长竣工日期：
2. 证明材料。

专业承包单位_____　　　　项目经理/责任人_____
施工总承包单位_____　　　项目经理/责任人_____

　　　　　　　　　　　　　　　　　　　　　　　日　　期_____

6. 工程款支付申请表

申请支付工程款金额包括合同内工程款，工程变更增减费用，批准的索赔费用，扣除应扣预付款、保留金及施工合同中约定的其他费用。 承包单位根据施工合同中工程款支付约定，向项目监理机构申请开具工程款支付证书，详见表 C.3.6。工程款支付申请表填写提示如下：

(1)"我方已完成了_____工作"填写经专业监理工程师验收合格的工程；定期支付进度款填写本支付期内经专业监理工程师验收合格工程的工程款。

(2)工程量清单：指本次付款申请中的经专业监理工程师验收合格工程的工程量清单统计报表。

(3)计算方法：指以专业监理工程师签字确认的工程量按施工合同约定采用的有关定额（或其他计价方法的单价）的工程价款计算。

(4)根据施工合同约定，需建设单位支付工程预付款的，也采用此表向监理机构申请支付。

(5)工程款申请中如有其他与付款有关的证明文件和资料时，应附有相关证明资料。

表 C.3.6　工程款支付申请表

工程名称：_____　　　　　　　　　　　　　　　编号：_____

致_____（监理单位）：

　　我方已完成了_____工作，按施工合同的约定，建设单位应在____年____月____日前支付该项工程款共（大写）_____（小写：_____），现报上_____工程付款申请表，请予以审查并开具工程款支付证书。

附件：

1. 工程量清单。

(2)计算方法。

施工总承包单位（章）_____
项目经理_____
日　　期_____

7. 工程变更费用报审表

工程变更一般是指施工条件和设计的变更，根据国际咨询工程师联合会（FIDIC）制定的"土木工程施工合同条件"，施工单位根据工程变更单完成的工程量，填写"工程变更费用报审表"并报项目监理部审查，详见表 C.3.7。

工程变更由业主单位提出要求的，相应费用由业主承担；由于客观条件的影响（如施工条件、天气等）而产生的，在合同规定范围的，按合同规定处理，否则应由双方协商解决。

在明确费用承担者的情况下，要尽可能准确地统计已造成的损失和变更后可能带来的损失。经双方协商同意的工程变更，应有书面材料作为正式文件；涉及设计变更的，还必须有设计单位的意见（如丙类设计变更），以此作为工程价款结算的依据。

表 C.3.7　工程变更费用报审表

工程名称		施工编号	
		监理编号	
		日期	

致_____（监理单位）

　　兹申报第_____号工程变更单，申请费用见附表，请予以审核。
附件：工程变更费用计算书

专业承包单位_____　　　项目经理/责任人_____
施工总承包单位_____　　项目经理/责任人_____

监理工程师审核意见：

　　　　　　　　　　　　　　　　　　　　　　监理工程师_____
　　　　　　　　　　　　　　　　　　　　　　日期_____

总监理工程师审查意见：

　　　　　　　　　　　　　　　　　　　　　　监理单位_____
　　　　　　　　　　　　　　　　　　　　　　总监理工程师_____
　　　　　　　　　　　　　　　　　　　　　　日期_____

8. 费用索赔申请表

　　费用索赔是根据承包合同的约定，合同一方因另一方原因造成本方经济损失，通过监理工程师向对方索取费用的活动。费用索赔是一种补偿性要求，其发生必须以实际经济损失为前提。当事人提出索赔要求，其经济损失的责任并非由于自己的过错，而是合同中规定应由对方承担责任的情况造成的。"费用索赔申请表"填写提示如下：

　　（1）"根据施工合同_____条_____款的约定"：填写提出费用索赔所依据的施工合同条目。

　　（2）"由于_____的原因"：填写导致费用索赔的事件。

　　（3）索赔的详细理由及经过：指索赔事件造成承包单位直接经济损失（索赔事件是由于

非承包单位的责任而发生的)情况的详细理由及事件经过。

(4)索赔金额的计算：指索赔金额计算书，索赔的费用内容一般包括人工费、设备费、材料费、管理费等。

(5)证明材料：指索赔所需的各种证明材料，包括合同文件、监理工程师批准的施工进度计划、合同履行过程中的来往函件、施工现场记录、工地会议纪要、工程照片、监理工程师发布的各种书面指令、工程进度款支付凭证、检查和试验记录、汇率变化表、各类财务凭证和其他有关资料。

"费用索赔申请表"详见表C.3.8。

表C.3.8 费用索赔申请表

工程名称：_____　　　　　　　　　　　　　　　　　编号：_____

致_____(监理单位)：

根据施工合同_____条_____款的约定，由于_____的原因，我方要求索赔金额(大写)_____元整(小写：¥_____)，请予以批准。

附件：

1. 索赔的详细理由及经过：

2. 索赔金额的计算：
(根据实际情况，依照工程概预算定额计算)

3. 证明材料
(证明材料主要包括有：合同文件；监理工程师批准的施工进度计划；合同履行过程中的来往函件；施工现场记录；工地会议纪要；工程照片；监理工程师发布的各种书面指令；工程进度款支付凭证；检查和试验记录；汇率变化表；各类财务凭证；其他有关资料。)

承包单位_____
项目经理_____
日　期_____年___月___日

职业技能实际训练

训练7 编制"工程开工报审表",见表C.3.1。

表C.3.1 工程开工报审表

工程名称: ××工程   编号: ×××

致 ××监理公司 (监理单位): 　我方承担的 ×× 工程,已完成了以下各项工作,具备了开工条件,特此申请施工,请核查并签发开工指令。 　附件:(1)开工报告(略)。 　　　(2)证明文件: 　　　　①建设工程施工许可证(复印件)。 　　　　②施工组织设计。 　　　　③施工测量放线。 　　　　④现场主要管理人员和特殊工种人员资格证、上岗证。 　　　　⑤现场管理人员、机具、施工人员进场。 　　　　⑥工程主要材料已落实。 　　　　⑦施工现场道路、水、电、通信等已达到开工条件。 　　　　　　　　　　　　　　　　　承包单位(章)　××建筑工程公司 　　　　　　　　　　　　　　　　　项目经理　　　××× 　　　　　　　　　　　　　　　　　日　　期　　××年×月×日
审查意见: 　(1)经查《建设工程施工许可证》已办理。 　(2)施工现场主要管理人员和特殊工种人员资格证、上岗证符合要求。 　(3)施工组织设计已批准。 　(4)主要人员(项目经理、专业技术管理人员等)已进场,部分材料已进场。 　(5)施工现场道路、水、电、通信已达到开工要求。 　　综上所述,工程已符合开工条件,同意开工! 　　　　　　　　　　　　　　　　　项目监理机构　××监理公司××工程项目监理部 　　　　　　　　　　　　　　　　　总监理工程师　　　××× 　　　　　　　　　　　　　　　　　日　　期　　××年×月×日

训练8 编制"人、机、料动态表",见表C.3.4。

表C.3.4 ＿＿＿年＿＿＿月人、机、料动态表

工程名称		××工程	编号				
			日期	××年×月×日			
致××监理有限公司(监理单位): 　根据 ×× 年 × 月施工进度情况,我方现报上 ×× 年 × 月人、机、料统计表。							
劳动力	工种	架子工	普工	混凝土工	电工		合计
	人数	10	28	17	9		64
	持证人数	10	25	16	9		60
主要机械	机械名称	生产厂家		规格、型号		数量	
	推土机			t3-100		5台	
	振动压缩机			YZ-2		6台	
	井字架			八柱井架		3台	

75

续表

	名称	单位	上月库存量	本月进场量	本月消耗量	本月库存量
主要材料						

附件:

施工单位　××建筑公司
项目经理　　×××

训练9 编制"工程延期申请表",见表C.3.5。

表C.3.5 工程延期申请表

工程名称:　××工程　　　　　　　　　　　　　　　　编号:_____

致　××监理公司　(监理单位):

　　根据施工合同__××__条__××__款的规定,由于__建设单位在项目部完成主体结构一至四层施工后未能及时支付工程款,造成项目部资金周转困难的__原因,我方申请工程延期,请予以批准。

附件:

1. 工程延期的依据及工期计算:

　(1)资金周转困难,工程材料不能及时到位。

　(2)合同中的相关约定。

　(3)影响施工进度网络计划。

　(4)工期计算。

　　　合同竣工日期:××年×月×日

　　申请延长竣工日期:××年×月×日

2. 证明材料。

(略)

承包单位　××建筑工程公司
项目经理　　　×××
日　　期　××年×月×日

训练 10 编制"费用索赔申请表",见表 C.3.8。

表 C.3.8 费用索赔申请表

工程名称: ××大厦工程　　　　　　　　　　　　　　　　　　　　编号:_____

致　××××监理公司　(监理单位): 　　根据施工合同　××　条　××　款的约定,由于　五层②~⑦/Ⓑ~Ⓗ轴混凝土工程已按原设计图施工完毕,设计单位变更通知修改,按洽商附图施工　的原因,我方要求索赔金额(大写)　贰拾玖万叁仟零伍拾　元整(小写:￥293 050.00),请予以批准。 　附件 　1. 索赔的详细理由及经过: 　五层②~⑦/Ⓑ~Ⓗ轴混凝土工程已按施工图纸(结-10,结-1)施工完毕后,设计单位变更通知修改,以核发的新设计图为准。因平面布置、配筋等均发生重大变动,造成我方直接经济损失。 　2. 索赔金额的计算: (根据实际情况,依照工程概预算定额计算) 　3. 证明材料   工程洽商记录及附图   　　　　　　　　　　　　　　　　　　　　　　承包单位　××建筑工程公司 　　　　　　　　　　　　　　　　　　　　　　项目经理　　　××× 　　　　　　　　　　　　　　　　　　　　　　日　　期　××年×月×日

第二节　质量控制资料

一、施工物资资料

实训引言

　　施工物资资料是反映工程所用物资质量和性能指标等的各种证明文件和相关配套文件(如使用说明书、安装维修文件等)的统称。建筑工程常用的施工物资进场检验资料多由施工单位填写,见表 3-9。

填写之前，应先了解物资进场检验资料的组成，熟悉这些物资进场检验资料都由哪些单位提供，哪些资料需要填写，哪些资料只需收集。

表 3-9 建筑工程常用的施工物资资料

序号	施工文件	提供单位	备注
1	材料、构配件进场检验记录	施工单位	表 C.4.1
2	设备开箱检验记录	施工单位	表 C.4.2
3	设备及管道附件试验记录	施工单位	表 C.4.3

实训内容及要求

1. 材料、构配件进场检验记录

材料、构配件进场检验记录由直接使用所检查的材料及配件的施工单位填写，作为工程物资进场报验资料，进入资料管理流程。工程物资进场后，施工单位应及时组织相关人员检查外观、数量及供货单位提供的质量证明文件等，合格后填写材料、构配件进场检验记录，详见表 C.4.1。"材料、构配件进场检验记录"填写提示如下：

(1) 工程名称填写应准确、统一，日期应准确。
(2) 物资名称、规格型号、进场数量、检验项目和结果等填写应规范、准确。
(3) 检验结论及相关人员签字应清晰可辨认，严禁其他人代签。
(4) 按规定应进场复试的工程物资，必须在进场检查验收合格后取样复试。
(5) 工程采用施工总承包管理模式的，签字人员应为施工总承包单位的相关人员。

表 C.4.1 材料、构配件进场检验记录

编号：_____

工程名称					检验日期			
序号	名称	规格型号	进场数量	生产厂家	外观检验项目	试件编号	备注	
				合格证明书编号	检验结果	复验结果		
1								
2								
3								
4								
5								
6								

续表

检查意见:(施工单位)			
附件:共　　页			

验收意见(监理/建设单位)			
□同意　　□重新检验　　□退场　　验收日期			

签字栏	建设(监理)单位	施工单位	×××建筑工程公司		
		专业质检员	专业工长	检验员	
	×××	×××	×××	×××	

注:本表一式两份,由施工单位、监理单位各保存一份。

2. 设备开箱检验记录

设备进场后,由建设(监理)单位、施工单位、供货单位共同开箱检验并做记录,填写"设备开箱检验记录"。设备必须具有中文质量合格证明文件,规格、型号及性能检测报告应符合国家技术标准或设计要求,进场时应做检查验收。对于主要器具和设备必须有完整的安装使用说明书。在运输、保管和施工过程中,应采取有效措施防止损坏或腐蚀。对于检验结果出现的缺损附件、备件要列出明细,待供应单位更换后重新验收,详见表C.4.2。

表C.4.2　设备开箱检验记录

工程名称		编号	
		检验日期	
设备名称		规格型号	
生产厂家		产品合格证编号	
总数量		检验数量	
进场检验记录			
包装情况			
随机文件			
备件与附件			
外观情况			
测试情况			
缺、损附备件明细					
序号	附备件名称	规格	单位	数量	备注

检查意见(施工单位):
附件:共　　页

续表

验收意见(监理/建设单位)：			
□同意　□重新检验　□退场		验收日期：	
签字栏	供应单位	责任人	
	施工单位	专业工长	
	监理或建设单位	专业工程师	

3. 设备及管道附件试验记录

设备、阀门、密闭水箱(罐)、风机盘管设备等安装前，均应按规定进行强度试验并填写设备及管道附件试验记录。如设计要求与规范规定不一致时，应及时向设计单位提出由设计单位作出决定，也可选用相对严格的要求，详见表C.4.3。设备及管道附件试验记录填写提示如下：

(1)阀门型号要与铭牌保持一致。

(2)每批(同牌号、同型号、同规格)数量中抽查10%，每一个阀门的试验情况均应填写到表格中，以编号区分。

(3)试验时，须严格执行试验压力和停压时间的规定，避免试压对阀门造成破坏；试验前要核对好阀门承压能力，确保无误。

(4)电控、电动等构造复杂的特种阀门，试压前要取得供应单位的认可，并严格按其规定做法进行试压。

表 C.4.3　设备及管道附件试验记录

工程名称					编号	
使用部位					试验日期	
试验要求						
设备/管道附件名称						
材质、型号						
规格						
试验数量						
试验介质						
公称或工作压力/MPa						
强度试验	试验压力/MPa					
	试验持续时间/s					
	试验压力降/MPa					
	渗漏情况					
	试验结论					
严密性试验	试验压力/MPa					
	试验持续时间/s					

续表

	工程名称			编号	
严密性试验	渗漏情况				
	试验结论				
	试验压力降/MPa				
签字栏	施工单位		专业技术负责人	专业质检员	专业工长
	监理或建设单位		专业工程师		

职业技能实际训练

训练 11 编制"材料、构配件进场检验记录",见表 C.4.1。

表 C.4.1 材料、构配件进场检验记录

工程名称			××工程		检验日期	××—××—××	
序号	名称	规格型号	进场数量	生产厂家	外观检验项目	试件编号	备注
				质量证明书编号	检验结果	复验结果	
1	焊接钢管	8Φ15	130 根		外观、质量证明文件	×××	
					合格	合格	
2	热镀锌扁钢	—25×4	80 根		外观、质量证明文件		
					合格		
3	导线	RV52×1.0	5 km		外观、质量证明文件	×××	
					合格	合格	
4	导线	VV2.5	10 km		外观、质量证明文件	×××	
					合格	合格	
5	火灾报警控制器	FW809818	30 个		外观、质量证明文件	×××	
					合格	合格	
6	光电感烟探测器	FW8010A	25 个		外观、质量证明文件	×××	
					合格	合格	

检查意见(施工单位):
以上材料、构配件经外观检查合格,管径壁厚均匀,材质、规格型号及数量经复检均符合设计、规范要求。产品质量证明文件齐全。
附件:共　　页

验收意见(监理/建设单位)

☑同意　□重新检验　□退场验收　　日期:××年××月××日

续表

签字栏	工程名称		××工程		检验日期	××—××—××
	建设(监理)单位	施工单位		×××建筑工程公司		
		专业质检员		专业工长		检验员
	×××	×××		×××		×××

注：本表一式两份，由施工单位、监理单位各保存一份。

二、施工记录资料

实训引言

施工记录是施工过程中根据规划设计进行测设或对测设的成果进行复核的记录。使用测量仪器和工具，对工程的位置、垂直度及沉降量等进行度量和测定并形成记录。记录中应有测量依据和过程，并应进行复核检查。常用建筑工程施工记录多由施工单位填写，见表3-10。

填写之前，应先了解施工记录的组成，熟悉这些资料都由哪些单位提供，哪些资料需要填写，哪些资料只需收集。

表3-10 常用建筑工程施工记录

序号	施工文件	提供单位	备注
1	隐蔽工程验收记录	施工单位	表C.5.1
2	施工检查记录	施工单位	表C.5.2
3	交接检查记录	施工单位	表C.5.3

实训内容及要求

1. 隐蔽工程验收记录

依据《建筑工程施工质量验收统一标准》(GB 50300—2013)规定：**隐蔽工程在隐蔽前应由施工单位通知监理单位进行验收，并形成验收文件，验收合格后方可继续施工。**《建设工程监理规范》(GB/T 50319—2013)规定：**对验收不合格的应拒绝签认，同时应要求施工单位在指定的时间内整改并重新报验。**对已同意覆盖的工程隐蔽部位有疑问的，或发现施工单位私自覆盖工程隐蔽部位的，项目监理机构应要求施工单位对该隐蔽部位进行钻孔探测、剥离或其他方法进行重新检验。隐蔽工程施工完毕后，由专业工长填写隐蔽工程验收记录，项目技术负责人组织监理旁站，施工单位专业工长、质量检查员共同参加。验收后由监理单位签署审核意见，并下审核结论。若验收存在问题，则在验收中给予明示。对存在的问题，必须按处理意见进行处理，处理后对该项进行复查，并将复查结论填入表内。凡未经过隐蔽工程验收或验收不合格的工序，不得进入下一道工序的施工。

隐蔽工程验收记录中工程名称、隐检项目、隐检部位及日期必须填写准确；隐检依据、主要材料名称、规格型号、试验单编号应准确;有变更项目资料的,应填写变更单编号,详见表 C.5.1。

隐蔽工程验收记录上签字、盖章要齐全,参加验收人员须本人签字,并加盖监理(建设)单位项目部公章和施工单位项目部公章。隐蔽工程验收记录填写提示如下:

(1)"工程名称"与施工图纸中一致。

(2)"隐检项目"具体写明(子)分部工程名称和施工工序主要检查内容。

(3)"隐检部位"按项目的检查部位或检验批所在部位填写。

(4)"隐检日期"按预计验收时间填写。

(5)"隐检内容"应将隐检验收项目的具体内容描述清楚。

(6)"检查意见"由监理(建设)单位填写,验收意见应针对验收内容是否符合要求,要有明确结论。

常见的隐蔽验收项目

表 C.5.1 隐蔽工程验收记录

编号:_____

工程名称			
隐检项目		隐检日期	
隐检部位	层 轴线 标高		

隐检依据:施工图图号_____,设计变更/洽商/技术核定单(编号_____)及有关国家现行标准等。

主要材料名称:_____

规格/型号:_____

隐检内容:

检查意见:

检查结论: □同意隐蔽   □不同意隐蔽,修改后复查

复查结论:

复查人: 复查日期:

续表

签字栏	建设(监理)单位	施工单位		
		专业技术负责人	专业质检员	专业工长

2. 施工检查记录

依据《建筑工程施工质量验收统一标准》(GB 50300—2013)规定：**各施工工序应按施工技术标准进行质量控制，每道施工工序完成后，经施工单位自检符合规定后，才能进行下道工序施工。** 对于施工过程中影响质量、观感、安装、人身安全的重要工序应在过程中做好过程控制并填写"施工检查记录"，施工检查记录适用各专业。填写"施工检查记录"所反映的施工检查部位、检查日期、检查内容等应与施工日志、检验批质量验收记录、施工方案和交底内容或要求相一致，详见表C.5.2。

表C.5.2 施工检查记录

编号：_____

工程名称		检查项目	
检查部位		检查日期	

检查依据：

检查内容：

检查结论：

复查结论：

复查人：　　　　　　　　　　　　　　　　　　　复查日期：

签字栏	施工单位		
	专业技术负责人	专业质检员	专业工长

3. 交接检查记录

依据《建筑工程施工质量验收统一标准》(GB 50300—2013)规定：**各专业工种之间的相关工序应进行交接检验并应记录。**"交接检查记录"适用于不同施工单位（专业工种）之间的移交检查，当前专业工程施工质量对后续专业工程施工质量产生直接影响时，应进行交接检查。如支护与桩基工程完工移交给结构工程，结构工程完工交给幕墙工程，初装修完工移交给精装修工程，设备基础完工移交给机电设备安装等，详见表C.5.3。

分项（分部）工程完成后，在不同专业施工单位之间应进行工程交接，且应进行专业交接检查，填写"交接检查记录"。移交单位、接收单位和见证单位共同对移交工程进行验收，并对质量情况、遗留问题、工序要求、注意事项、成品保护、注意事项等进行记录，填写"交接检查记录"。"交接检查记录"填写提示如下：

(1)见证单位栏内应填写施工监理单位，参与移交及接受的部门不得作为见证单位。

(2)检查结论、见证单位意见栏应填写"经检查，交接项目已按施工图纸、有关设计变更文件施工完毕，符合设计要求、施工质量验收规定，同意交接"。

表C.5.3 交接检查记录

编号：_____

工程名称			
移交单位名称		接收单位名称	
交接部位		检查日期	
见证单位			
交接内容：			
检查结论：			
复查结论（由接收单位填写）：			
复查人：	复查日期：		
见证单位意见：			
签字栏	移交单位	接收单位	见证单位

训练 12　编制"隐蔽工程验收记录"，见表 C.5.1。

表 C.5.1　隐蔽工程验收记录

编号：_____

工程名称	××工程		
隐检项目	钢筋绑扎	隐检日期	××年×月×日
隐检部位	地下二层　①～⑫/Ⓐ～Ⓗ轴线　－2.95～0.10 标高		

隐检依据：施工图图号　结施－3，结施－4，结施－11，结施－12　，设计变更/洽商/技术核定单（编号　×××　）及有关国家现行标准等。

主要材料名称：　钢筋，绑扎丝

　　规格/型号：　φ12，φ14

隐检内容：

(1) 墙厚 300 mm，钢筋双向双层，水平筋 φ12@200，在内侧，竖向筋 φ14@150，在外侧。
(2) 墙体的钢筋搭接绑扎，搭接长度 42d（φ12：405 mm，φ14：588 mm），接头纵横错开 50%，接头净距 50 mm。
(3) 墙体筋定位筋采用 φ12 竖向梯子筋，每跨 3 道，上口设水平梯子筋与主筋绑牢。
(4) 竖向筋起步距柱 50 mm，水平筋起步距梁 50 mm，间距排距均匀。
(5) 绑扎丝为双铅丝，每个相交点八字扣绑扎，丝头朝向混凝土内部。
(6) 墙外侧保护层 35 mm，内侧 20 mm，采用塑料垫块间距 600 mm 梅花形布置。
(7) 钢筋均无锈，污染已清理干净，如钢筋原材做复试，另附钢筋原材复试报告。试验编号（××）。

隐检内容已做完，请予以检查。

检查意见：

经检查：

(1) 地下二层，①～⑫/Ⓐ～Ⓗ轴墙体所用钢筋品种、级别、规格、配筋数量、位置、间距符合设计要求。
(2) 钢筋绑扎安装质量牢固，无漏扣现象，观感符合要求，搭接长度 42d。
(3) 墙体定位梯子筋各部位尺寸间距准确与主筋绑扎。
(4) 保护层厚度符合要求，采用塑料垫块绑扎牢固，间距 600 mm，梅花形布置。
(5) 钢筋无锈蚀、无污染，进场复试合格，符合《混凝土结构工程施工质量验收规范》(GB 50204—2015) 的规定。

检查结论：　☑同意隐蔽　　　□不同意隐蔽，修改后复查

复查结论：

复查人：　　　　　　　　　　　复查日期：

签字栏	建设（监理）单位	施工单位		
		××建筑工程公司		
		专业技术负责人	专业质检员	专业工长
	×××	×××	×××	×××

第三节　施工验收资料

一、施工质量验收资料

实训引言

施工质量验收记录是参与工程建设的有关单位根据相关标准、规范对工程质量是否达到合格要求作出的确认文件的统称。建筑工程常用的施工质量验收记录多由施工单位填写，见表 3-11。

填写之前，应先了解建筑工程施工质量验收记录的组成，熟悉这些质量验收记录都由哪些单位提供，哪些资料需要填写，哪些资料只需收集。

表 3-11　建筑工程常用的施工质量验收记录

序号	施工文件	提供单位	备注
1	检验批质量验收记录	施工单位	表 C.7.1
2	分项工程质量验收记录	施工单位	表 C.7.2
3	分部（子分部）工程质量验收记录	施工单位	表 C.7.3
4	建筑节能分部工程质量验收记录	施工单位	表 C.7.4

实训内容及要求

1. 检验批质量验收记录

检验批是工程验收的最小单位，是分项工程、分部工程和单位工程施工质量验收的基础。检验批应由监理工程师组织施工单位项目专业质量（技术）负责人等进行验收。检验批质量验收记录应符合现行国家标准《建筑工程施工质量验收统一标准》（GB 50300—2013）的有关规定，详见表 C.7.1。

(1) 表的名称及编号。检验批表的名称应在制订专用表格时就印好，前边印上分项工程的名称。表的名称下边标注质量验收规范的编号。

检验批表的编号按全部施工质量验收规范系列的分部工程、子分部工程统一为 9 位数的数码编号，写在表的右上角，前 6 位数字均印在表上，后留 2 个□，检查验收时填写检验批的顺序号。其编号规则为：

前边两个数字是分部工程的代码，01～09。

第 3、4 位数字是子分部工程的代码。

第 5、6 位数字是分项工程的代码。

第 7、8 位数字是各分项工程检验批验收的顺序号。由于在高层或超高层建筑中，同一个分项工程会有很多数量的检验批，故留了 2 位数的编号空间。

还需说明的是，有些子分部工程中有些项目可能在两个分部工程中出现，这就要在同一个表上编两个分部工程及相应子分部工程的编号。

有些分项工程可能在几个子分部工程中出现，这就应在同一个检验批表上编几个子分部工程及子分部工程的编号。

另外，有些分项工程在验收时也将其划分为几个不同的检验批来验收。如混凝土结构子分部工程的混凝土分项工程，分为原材料、配合比设计、混凝土施工 3 个检验批来验收。又如建筑装饰装修分部工程建筑地面子分部工程中的基层分项工程，其中有几种不同的检验批。故在其表名下加标罗马数字（Ⅰ）、（Ⅱ）、（Ⅲ）……

（2）表头部分的填写。

1）检验批表编号的填写，在方框内填写检验批序号。

2）单位（子单位）工程名称，按合同文件上的单位工程名称填写，子单位工程标出该部分的位置。分部（子分部）工程名称，按验收规范划定的分部（子分部）名称填写。验收部位是指一个分项工程中的验收的那个检验批的抽样范围，要标注清楚，如二层①～⑮轴线砖砌体。

施工单位、分包单位填写施工单位的全称，与合同上公章名称相一致。项目经理填写合同中指定的项目负责人。在装饰、安装分部工程施工中，有分包单位时，也应填写分包单位全称，分包单位的项目经理也应是合同中指定的项目负责人。这些人员由填表人填写，不要本人签字，只是标明他是项目负责人。

3）施工执行标准名称及编号。由于验收规范只列出验收的质量指标，其工艺只提出一个原则要求，具体的操作工艺则依靠企业标准。

（3）质量验收规范的规定栏。质量验收规范规定填写的具体质量要求，在制表时就已填写好验收规范中主控项目、一般项目的全部内容。但由于表格的地方小，多数指标不能将全部内容填写下，所以只填写质量指标归纳、简化描述或题目及条文号，作为检查内容提示，以便查对验收规范的原文；对计数检验的项目，将数据直接写出来。这些项目的主要要求用注的形式放在表格的填写说明里。如果将验收规范的主控项目、一般项目的内容全摘录在表的背面，可方便查对验收条文的内容。但根据以往的经验，这样做会引起只看表格，不看验收规范的后果。规范上还有基本规定、一般规定等内容，它们虽然不是主控项目和一般项目的条文，也是验收主控项目和一般项目的依据。因此，验收规范的质量指标不宜全抄过来，只需将其主要要求及如何判定注明即可。

（4）主控项目、一般项目施工单位检查评定记录。填写方法分以下几种情况，判定验收、不验收均按施工质量验收规定进行判定。

1）对定量项目直接填写检查的数据。

2）对定性项目，当符合规范规定时，采用打"√"的方法标注；当不符合规范规定时，采用打"×"的方法标注。

3）有混凝土、砂浆强度等级的检验批，按规定制取试件后，可先填写试件编号，待试件试验报告出来后，对检验批进行判定，并在分项工程验收时进一步进行强度评定及验收。

4）对既有定性又有定量的项目，各个子项目质量均符合规范规定时，采用打"√"来标注；否则采用打"×"来标注。无此项内容的打"/"来标注。

5)一般项目中，对合格点有要求的项目，应是其中带有数据的定量项目，定性项目必须基本达到。定量项目中每个项目都必须有80%以上(混凝土保护层为90%)检测点的实测数值达到规范规定；其余20%按各专业施工质量验收规范规定，不能大于150%(钢结构为120%)，也就是说，有数据的项目，除必须达到规定的数值外，其余可放宽，最大放宽到150%。

"施工单位检查评定记录"栏的填写，有数据的项目，将实际测量的数值填入表格内，超企业标准的数字，而没有超过国家验收规范的用"○"将其圈住；对超过国家验收规范的用"△"圈住。

(5)监理(建设)单位验收记录。通常监理人员应以平行、旁站或巡回的方法进行监理，在施工过程中，对施工质量进行查看和测量，并参加施工单位重要项目的检测。对新开工程或首件产品，应进行全面检查，以了解质量水平和控制措施的有效性及执行情况；在整个过程中，可以随时测量。在检验批验收时，对主控项目、一般项目应逐项进行验收，对符合验收规范规定的项目，填写"合格"或"符合要求"，对不符合验收规范规定的项目，暂不填写，待处理后再验收，但应做标记。

(6)施工单位检查评定结果。施工单位自行检查评定合格后，应注明"主控项目全部合格，一般项目满足规范规定要求"。

"专业工长"和"施工班组长"栏由本人签字，以示承担责任。专业质量检查员代表企业逐项检查评定合格，在表中写清楚结果，签字后交监理工程师或建设单位项目专业技术负责人验收。

(7)监理(建设)单位验收结论。

主控项目、一般项目验收合格，混凝土、砂浆试件强度待试验报告出来后判定，其余项目已全部验收合格，注明"同意验收"，专业监理工程师、建设单位的专业技术负责人签字。

表 C.7.1 ＿＿＿＿＿ 检验批质量验收记录

010101□□

工程名称		分项工程名称		验收部位		
施工单位			专业工长		项目经理	
分包单位			分包项目经理		施工班组长	
施工执行标准名称及编号						
施工质量验收规范的规定					施工单位检查评定记录	监理(建设)单位验收记录
主控项目	1					
	2					
	3					
一般项目	1					
	2					

续表

施工单位 检查评定结果	项目专业质量检查员： 年　月　日
监理(建设)单位 验收结论	监理工程师(建设单位项目专业技术负责人)： 年　月　日

2. 分项工程质量验收记录

分项工程质量验收记录应符合现行国家标准《建筑工程施工质量验收统一标准》(GB 50300—2013)的有关规定。分项工程完成，施工单位自检合格后，应填报"分项工程质量验收记录表"，并由专业监理工程师组织项目专业技术负责人等进行验收并签认，详见表C.7.2。"分项工程质量验收记录"填写提示如下：

(1)表名栏填写所验收分项工程的名称，表头工程名称按合同文件上的单位工程名称填写，结构类型按设计文件提供的结构类型填写，然后填写检验批部位、区段以及施工单位检查评定结果。

(2)分项工程的验收在检验批验收的基础上进行。构成分项工程的各检验批的验收资料文件完整，并且均已验收合格，则可判定该分项工程验收合格。

(3)地基基础、主体结构工程的分项工程质量验收不填写"分包单位"和"分包项目经理"。

(4)当同一分项工程存在多项检验批时，应填写检验批名称。

(5)监理(建设)单位验收结论应由专业监理工程师(或建设单位的专业负责人)逐项审查并填写验收结论，同意项填写"合格"或"符合要求"，不同意项暂不填写，待处理后再验收，但应做标记。

表 C.7.2 _____ 分项工程质量验收记录

工程名称		结构类型		检验批数	
施工单位		项目经理		项目技术负责人	
分包单位		分包单位负责人		分包项目经理	
序号	检验批部位、区段		施工单位检查评定结果	监理(建设)单位验收结论	

续表

检查结论	项目专业技术负责人： 　　　　　　年　月　日	验收结论	监理工程师或建设单位项目专业技术负责人： 　　　　　　　　　　　　年　月　日
说明：			

3. 分部（子分部）工程质量验收记录

分部（子分部）工程的质量验收记录是质量控制的一个重点，分部（子分部）工程质量验收记录应符合现行国家标准《建筑工程施工质量验收统一标准》(GB 50300—2013)的有关规定。由于单位工程体量的增大，复杂程度的增加，专业施工单位的增多，为了分清责任、及时整修等，分部（子分部）工程的验收就显得很重要，分部（子分部）工程的质量验收除了分项工程的核查外，还有质量控制资料核查，安全、功能项目的检测，观感质量的验收等，详见表 C.7.3。

分部（子分部）工程应由施工单位将自行检查评定合格的表填写好后，由项目经理交监理单位或建设单位验收。由总监理工程师组织施工项目经理及有关勘察（地基与基础部分）、设计（地基与基础及主体结构等）单位项目负责人进行验收，并按分部（子分部）工程验收记录的要求进行记录。

分部（子分部）工程质量验收记录填写要求：

(1) 表名：分部（子分部）工程的名称填写要具体，写在分部（子分部）工程的前边，并分别划掉分部或子分部；

(2) 表头部分结构类型填写按设计文件提供的结构类型；

(3) 验收内容包括分项工程、质量控制资料、安全和功能检验（检测）报告和观感质量验收四个方面；

(4) 验收单位签字必须由负责人亲自签字确认。

表 C.7.3　　　　　分部（子分部）工程质量验收记录

工程名称		结构类型		层　数	
施工单位		技术部门负责人		质量部门负责人	
专业承包单位		专业承包单位负责人		专业承包单位技术负责人	
序号	分项工程名称	（检验批）数	施工单位检查评定	验收意见	
1					
2					
3					
4					
5					

续表

工程名称			结构类型		层 数		
质量控制资料							
安全和功能检验(检测)报告							
观感质量验收							
验收单位	专业承包单位			项目经理		年 月 日	
	施工单位			项目经理		年 月 日	
	勘察单位			项目负责人		年 月 日	
	设计单位			项目负责人		年 月 日	
	监理(建设)单位			总监理工程师或建设单位项目专业负责人： 年 月 日			

4. 建筑节能分部工程质量验收记录

建筑节能分部工程的质量验收应在检验批、分项工程全部验收合格的基础上，质量控制资料完整时进行建筑围护结构节能构造现场实体检验；严寒、寒冷和夏热冬冷地区外窗气密性现场检测；风管及系统严密性检验；现场组装的组合式空调机组的漏风量测试记录；设备单机试运转及调试记录；系统联合试运转及调试记录；确认建筑节能工程质量达到验收条件后方可进行。建筑节能分部工程质量验收合格应符合规定：**分项工程全部合格；外墙节能构造现场实体检验结果符合设计要求；外墙气密性现场实体检测结果合格；建筑设备工程系统节能性能检测结果合格。**

建筑节能工程
施工验收规范

建筑节能分部工程质量验收记录应符合现行国家标准《建筑节能工程施工质量验收规范》(GB 50411—2007)的有关规定。施工单位填写的"建筑节能分部工程质量验收记录"应一式四份，由建设单位、监理单位、施工单位、城建档案馆各保存一份。建筑节能分部工程质量验收记录宜采用表C.7.4的格式。

表C.7.4 建筑节能分部工程质量验收记录

单位工程名称				结构类型及层数	
施工总承包单位		技术部门 负责人		质量部门 负责人	
专业承包单位		专业承包单位 负责人		专业承包单位 技术负责人	
序号	分项工程名称	验收结论		监理工程师签字	备注
1	墙体节能工程				
2	幕墙节能工程				
3	门窗节能工程				
4	屋面节能工程				
5	地面节能工程				
6	采暖节能工程				
7	通风与空气调节节能工程				

续表

单位工程名称		结构类型及层数	
序号	分项工程名称	验收结论	监理工程师签字	备注

序号	分项工程名称	验收结论	监理工程师签字	备注
8	空调与采暖系统的冷热源及管网节能工程			
9	配电与照明节能工程			
10	监测与控制节能工程			
	质量控制资料			
	外墙节能构造现场实体检验			
	外窗气密性现场实体检验			
	系统节能性能检测			

验收结论：

其他参加验收人员：

验收单位	专业承包单位	施工总承包单位	设计单位	监理或建设单位
	项目经理	项目经理	项目负责人	总监理工程师或建设单位项目负责人
	年 月 日	年 月 日	年 月 日	年 月 日

职业技能实际训练

训练13 编制："_____检验批质量验收记录"，表C.7.1。

表C.7.1 ××检验批质量验收记录

010101 0 1

工程名称	××工程	分项工程名称	地基与基础	验收部位	基础①~⑥/Ⓑ~Ⓗ轴		
施工单位	×××建筑工程集团公司		专业工长	×××	项目经理	×××	
分包单位	/		分包项目经理	/	施工班组长	×××	
施工执行标准名称及编号	《建筑地基工程施工质量验收标准》(GB 50202—2018)						
	施工质量验收规范的规定					施工单位检查评定记录	监理(建设)单位验收记录
项 目		允许偏差或允许值/mm					
		柱基基坑基槽	挖方场地平整		管沟	地(路)面基层	
			人工	机械			
主控项目	1 标高	−50	±30	±50	−50	−50	✓
	2 长度、宽度(由设计中心线向两边量)	+200 −50	+300 −100	+500 −150	+100	/	✓	经检查，标高、长度、宽度、边坡符合规范要求
	3 边坡	设计要求					1 : 0.6

93

续表

工程名称		××工程		分项工程名称		地基与基础	验收部位	基础①~⑥/Ⓑ~Ⓗ轴
一般项目	1	表面平整度	20	20	50	20	20	✓	经检查，表面平整度、基底土性符合规范要求
	2	基底土性		设计要求			土性为××，与勘察报告相符	

施工单位检查评定结果	经检查，工程主控项目、一般项目均符合《建筑地基工程施工质量验收标准》(GB 50202—2018)的规定，评定为合格。 项目专业质量检查员：××× ××年×月×日
监理（建设）单位验收结论	同意施工单位评定结果，验收合格。 监理工程师（建设单位项目专业技术负责人）：××× ××年×月×日

二、竣工验收资料

实训引言

工程竣工验收是施工全过程的最后一道程序，也是工程项目管理的最后一项工作。它是建设投资成果转入生产或使用的标志，也是全面考核投资效益、检验设计和施工质量的重要环节。**工程竣工验收资料是施工单位控制施工质量所形成的资料。**建筑工程常用的竣工验收资料多由施工单位填写，见表3-12。

填写之前，应先了解建筑工程竣工验收资料的组成，熟悉这些竣工验收资料都由哪些单位提供，哪些资料需要填写，哪些资料只需收集。

表3-12 建筑工程常用的竣工验收资料

序号	施工文件	提供单位	备注
1	工程竣工报验单	施工单位	表3-13
2	单位（子单位）工程竣工预验收报验表	施工单位	表C.8.1
3	单位（子单位）工程质量竣工验收记录	施工单位	表C.8.2-1
4	单位（子单位）工程质量控制资料核查记录	施工单位	表C.8.2-2
5	单位（子单位）工程安全和功能检验资料核查及主要功能抽查记录	施工单位	表C.8.2-3
6	单位（子单位）工程观感质量检查记录	施工单位	表C.8.2-4
7	施工决算资料	施工单位	
8	施工资料移交书	施工单位	
9	房屋建筑工程质量保修书	施工单位	

实训内容及要求

1. 工程竣工报验单

"**工程竣工报验单**"是指单位工程具备竣工条件后,施工单位向建设单位报告,提请建设单位组织竣工验收的报表。

施工单位在合同规定的承包项目全部完工后,自行组织有关人员进行检查验收,符合合同、设计要求和质量标准的,由施工单位生产部门填写"工程竣工报验单",由法人代表签字,法人单位盖章,报请监理、建设单位审批,详见表3-13。

表3-13 工程竣工报验单

工程名称:_____   编号:_____

致_____(监理单位):
我方已按合同要求完成了_____工程,经自检合格,请予以检查和验收。 附件: 承包单位(章)_____ 项目经理_____ 日　　期_____
审查意见: 项目监理机构_____ 总监理工程师_____ 日　　期_____

2. 单位(子单位)工程竣工预验收报验表

单位(子单位)工程竣工预验收表应符合现行国家标准《建筑工程监理规范》(GB/T 50319—2013)的有关规定,详见表C.8.1。总监理工程师应组织专业监理工程师依据有关法律法规、工程建设强制性标准设计文件及施工合同,对承包单位报送的竣工资料进行审查,并对工程质量进行竣工预验收,存在问题的,应及时要求承包单位整改;合格的,由总监理工程师签认单位工程竣工验收报审表。工程竣工预验收合格后,项目监理机构应编写工程质量评估报告,并应经总监理工程师和监理单位技术负责人审核签字后报建设单位。

表 C.8.1　单位(子单位)工程竣工预验收报验表

工程名称		编　号	

致_____(监理单位):

　　我方已按合同要求完成了_____工程,经自检合格,请予以检查和验收。

　　附件:

施工总承包单位(章)_____

项目经理_____

日　期_____

审查意见:

　　经预验收,该工程
1. 符合/不符合我国现行法律、法规要求;
2. 符合/不符合我国现行工程建设标准;
3. 符合/不符合设计文件要求;
4. 符合/不符合施工合同要求。

　　综上所述,该工程预验收合格/不合格,可以/不可以组织正式验收。

监　理　单　位_____

总监理工程师_____

日　　　　期_____

3. 单位(子单位)工程质量竣工验收记录

单位工程质量(竣工)验收是建设工程投入使用前的最后一次验收,由施工单位填写,验收合格的条件包括以下五个方面:

(1)构成单位工程的各个分部工程应验收合格。

(2)有关的质量控制资料应完整。

(3)涉及安全、节能、环境保护和主要使用功能的分部工程检验资料应复查合格。

(4)对主要使用功能应进行抽查。抽查的项目是在检查资料文件的基础上由参加验收的各方人员商定,并用计量、技术的方法抽样检验。

(5)观感质量应通过验收。

进行单位工程质量竣工验收时,施工单位应同时填报"单位(子单位)工程质量控制资料核查记录""单位(子单位)工程安全和功能检验资料核查及主要功能抽查记录""单位(子单位)工程观感质量检查记录",作为"单位(子单位)工程质量竣工验收记录"的附表。

单位(子单位)工程质量竣工验收记录,应符合现行国家标准《建筑工程施工质量验收统一标准》(GB 50300—2013)的有关规定。施工单位填写单位(子单位)工程质量竣工验收记录时,"分部工程""质量控制资料核查""安全和主要使用功能核查及抽查结果""观感质量验收"各栏内容均由验收组成员共同逐项核查,核查确认符合要求后,由监理单位填写验收结论,详见表C.8.2-1。

表 C.8.2-1 单位(子单位)工程质量竣工验收记录

工程名称		结构类型		层数/建筑面积	
施工单位		技术负责人		开工日期	
项目经理		项目技术负责人		竣工日期	
序号	项目	验收记录			验收结论
1	分部工程	共　　　分部,经查　　　分部 符合标准及设计要求　　　分部			
2	质量控制资料核查	共　　　项,经核查符合要求　　　项, 经核定不符合规范要求　　　项			
3	安全和主要使用功能核查及抽查结果	共核查　　　项,符合要求　　　项, 共抽查　　　项,符合要求　　　项, 经返工处理符合要求　　　项			
4	观感质量验收	共抽查　　　项,符合要求　　　项, 不符合要求　　　项			
5	综合验收结论				
参加验收单位	建设单位　　　　　　　(公章)	监理单位　　　　　　　(公章)		施工单位　　　　　　　(公章)	设计单位　　　　　　　(公章)
	单位(项目)负责人: 　年　月　日	总监理工程师: 　年　月　日		单位负责人: 　年　月　日	单位(项目)负责人: 　年　月　日

4. 单位(子单位)工程质量控制资料核查记录

单位(子单位)工程质量控制资料是单位工程综合验收的一项重要内容,是单位工程包含的有关分项工程中检验批主控项目、一般项目要求内容的汇总表。详见表C.8.2-2。核查目的是强调建筑结构及设备性能、使用功能方面主要技术性能的检验,对一个单位工程全

面进行质量控制资料核查,可以防止局部错漏,加强工程质量控制。单位(子单位)工程质量控制资料核查记录填写提示如下:

(1)本表其他各栏内容均由监理单位进行核查,独立得出核查结论。合格后填写具体核查意见,如齐全,具体核查人在"核查人"栏签字。

(2)总监理工程师在"结论"栏里填写综合性结论。

(3)施工单位项目经理在"结论"栏里签字确认。

表 C.8.2-2　单位(子单位)工程质量控制资料核查记录

工程名称			施工单位		
序号	项目	资料名称	份数	核查意见	核查人
1	建筑与结构	图纸会审记录、设计变更通知单、工程洽商记录(技术核定单)			
2		工程定位测量、放线记录			
3		原材料出厂合格证及进场检(试)验报告			
4		施工试验报告及见证检测报告			
5		隐蔽工程验收记录			
6		施工记录			
7		预制构件、预拌混凝土合格证			
8		地基、基础、主体结构检验及抽样检测资料			
9		分项、分部工程质量验收记录			
10		工程质量事故及事故调查处理资料			
11		新材料、新工艺施工记录			
1	给水排水与采暖	图纸会审记录、设计变更通知单、工程洽商记录(技术核定单)			
2		材料、配件出厂合格证书及进场检(试)验报告			
3		管道、设备强度试验、严密性试验记录			
4		隐蔽工程验收记录			
5		系统清洗、灌水、通水、通球试验记录			
6		施工记录			
7		分项、分部工程质量验收记录			
1	建筑电气	图纸会审记录、设计变更通知单、工程洽商记录(技术核定单)			
2		材料、配件出厂合格证书及进场检(试)验报告			
3		设备调试记录			
4		接地、绝缘电阻测试记录			
5		隐蔽工程验收记录			
6		施工记录			
7		分项、分部工程质量验收记录			

续表

工程名称			施工单位		
序号	项目	资料名称	份数	核查意见	核查人
1	通风与空调	图纸会审记录、设计变更通知单、工程洽商记录（技术核定单）			
2		材料、设备出厂合格证书及进场检(试)验报告			
3		制冷、空调、水管道强度试验、严密性试验记录			
4		隐蔽工程验收记录			
5		制冷设备运行调试记录			
6		通风、空调系统调试记录			
7		施工记录			
8		分项、分部工程质量验收记录			
1	电梯	图纸会审记录、设计变更通知单、工程洽商记录（技术核定单）			
2		设备出厂合格证书及开箱检验记录			
3		隐蔽工程验收记录			
4		施工记录			
5		接地、绝缘电阻测试记录			
6		负荷试验、安全装置检查记录			
7		分项、分部工程质量验收记录			
1	智能建筑	图纸会审记录、设计变更通知单、工程洽商记录（技术核定单）、竣工图及设计说明			
2		材料、设备出厂合格证书及技术文件及进场检(试)验报告			
3		隐蔽工程验收记录			
4		系统功能测定及设备调试记录			
5		系统技术、操作和维护手册			
6		系统管理、操作人员培训记录			
7		系统检测报告			
8		分项、分部工程质量验收记录			

结论：

施工总承包单位项目经理：
　　　　　　　　　年　月　日

总监理工程师(建设单位项目负责人)：
　　　　　　　　　年　月　日

5. 单位(子单位)工程安全和功能检验资料核查及主要功能抽查记录

施工单位对能否满足安全和使用功能的项目进行强化验收,对主要项目进行抽查、记录,填写该表,详见表C.8.2-3。单位(子单位)工程安全和功能检验资料核查及主要功能抽查记录填写提示如下:

(1)本表由总监理工程师或建设单位项目负责人组织核查、抽查并由监理单位填写。

(2)监理单位经核查和抽查合格,由总监理工程师在表中"结论"栏填写综合性验收结论,并由施工单位项目经理签字确认。

(3)安全和功能的检测,如条件具备,应在分部工程验收时进行。分部工程验收时凡已经做过的安全和功能检测项目,单位工程竣工验收时不再重复检测,只核查检测报告是否符合有关规定。

表C.8.2-3 单位(子单位)工程安全和功能检验资料核查及主要功能抽查记录

工程名称			施工单位			
序号	项目	安全和功能检查项目	份数	核查意见	抽查结果	核查(抽查)人
1	建筑与结构	屋面淋水试验记录				
2		地下室防水效果检查记录				
3		有防水要求的地面蓄水试验记录				
4		建筑物垂直度、标高、全高测量记录				
5		抽气(风)道检查记录				
6		幕墙及外窗气密性、水密性、耐风压检测报告				
7		建筑物沉降观测测量记录				
8		节能、保温测试记录				
9		室内环境检测报告				
1	给水排水与采暖	给水管道通水试验记录				
2		暖气管道、散热器压力试验记录				
3		卫生器具满水试验记录				
4		消防管道、燃气管道压力试验记录				
5		排水干管通球试验记录				
1	电气	照明全负荷试验记录				
2		大型灯具牢固性试验记录				
3		避雷接地电阻测试记录				
4		线路、插座、开关接地检验记录				
1	通风与空调	通风、空调系统试运行记录				
2		风量、温度测试记录				
3		洁净室洁净度测试记录				
4		制冷机组试运行调试记录				

续表

工程名称				施工单位			
序号	项目	安全和功能检查项目	份数	核查意见	抽查结果	核查(抽查)人	
1	电梯	电梯运行记录					
2		电梯安全装置检测报告					
1	智能建筑	系统试运行记录					
2		系统电源及接地检测报告					
结论：							

施工单位项目经理：　　　　　　　　　　　总监理工程师(建设单位项目负责人)：

　　　　　　年　月　日　　　　　　　　　　　　　　　　　　　年　月　日

6. 单位(子单位)工程观感质量检查记录

工程质量观感检查是工程竣工后进行的一项重要验收工作，是对工程的一个全面检查。《建筑工程施工质量验收统一标准》(GB 50300—2013)规定，**单位工程的质量观感验收，分为"好""一般""差"三个等级，检查的方法、程序及标准等与分部工程相同，属于综合性验收。**

参加验收的各方代表，经共同检查，确认没有影响结构安全和使用功能等问题，可商定评价意见。评价为"好"或"一般"的项目由总监理工程师在"检查结论"栏内填写验收结论；如有被评价为"差"的项目，属不合格项，应返工修理，并重新验收。

"抽查质量状况"栏可填写具体数据。

单位(子单位)工程观感质量检查记录详见表 C.8.2-4。

表 C.8.2-4　单位(子单位)工程观感质量检查记录

工程名称			施工单位			
序号	项　目		抽查质量状况	质量评价		
				好	一般	差
1	建筑与结构	室外墙面				
2		变形缝				
3		水落管、屋面				
4		室内墙面				
5		室内顶棚				
6		室内地面				
7		楼梯、踏步、护栏				
8		门窗				

续表

工程名称			施工单位						
序号	项目		抽查质量状况				质量评价		
							好	一般	差
1	给水排水与采暖	管道接口、坡度、支架							
2		卫生器具、支架、阀门							
3		检查口、扫除口、地漏							
4		散热器、支架							
1	建筑电气	配电箱、盘、板、接线盒							
2		设备器具、开关、插座							
3		防雷、接地							
1	通风与空调	风管、支架							
2		风口、风阀							
3		风机、空调设备							
4		阀门、支架							
5		水泵、冷却塔							
6		绝热							
1	电梯	运行、平层、开关门							
2		层门、信号系统							
3		机房							
1	智能建筑	机房设备安装及布局							
2		现场设备安装							
3									
	观感质量综合评价								
检查结论									
		施工单位项目经理： 　　　　　　年　月　日				总监理工程师（建设单位项目负责人）： 　　　　　　年　月　日			

职业技能实际训练

训练 14 编制"单位（子单位）工程竣工预验收报验表"，见表 C.8.1。

表 C.8.1　单位(子单位)工程竣工预验收报验表

工程名称	××工程	编　号	×××

致　××监理公司　（监理单位）：

　　我方已按合同要求完成了　××　工程，经自检合格，请予以检查和验收。
　　附件：

施工总承包单位(章)　××建筑工程公司
项目经理　　　　　　　××
日　　期　　　　　　　××年×月×日

审查意见：

经预验收，该工程
1. 符合/不符合我国现行法律、法规要求；
2. 符合/不符合我国现行工程建设标准；
3. 符合/不符合设计文件要求；
4. 符合/不符合施工合同要求。
综上所述，该工程预验收合格，可以组织正式验收。

监 理 单 位　　××监理公司
总监理工程师　　×××
日　　　　期　　××年×月×日

训练 15 编制"单位(子单位)工程质量竣工验收记录",见表 C.8.2-1。

表 C.8.2-1 单位(子单位)工程质量竣工验收记录

工程名称	××工程	结构类型	框架结构	层数/建筑面积	8层/5 600 m²
施工单位	××建筑工程公司	技术负责人	×××	开工日期	××年×月×日
项目经理	×××	项目技术负责人	×××	竣工日期	××年×月×日

序号	项目	验收记录	验收结论
1	分部工程	共 9 分部,经查 9 分部 符合标准及设计要求 9 分部	经各专业分部工程验收,工程质量符合验收标准
2	质量控制资料核查	共 46 项,经核定符合要求 46 项,经核定不符合规范要求 0 项	质量控制资料经核查共46项符合有关规范要求
3	安全和主要使用功能核查及抽查结果	共核查 26 项,符合要求 26 项,共抽查 11 项,符合要求 11 项,经返工处理符合要求 0 项	安全和主要使用功能共核查26项符合要求,抽查其中11项均满足使用功能
4	观感质量验收	共抽查 23 项,符合要求 23 项,不符合要求 0 项	观感质量验收为好
5	综合验收结论	经对本工程综合验收,各分部分项工程符合设计要求,施工质量满足有关施工质量验收规范和标准要求,单位工程竣工验收合格	

参加验收单位	建设单位	监理单位	施工单位	设计单位
	(公章)	(公章)	(公章)	(公章)
	单位(项目)负责人: ××× ××年×月×日	总监理工程师: ××× ××年×月×日	单位负责人: ××× ××年×月×日	单位(项目)负责人: ××× ××年×月×日

实训 4　地基与基础分部工程资料

第一节　地基与基础分部工程中分项工程、检验批的划分

《建筑工程资料管理规程》(JGJ/T 185—2009)对工程的地基与基础分部工程进行了分项工程和检验批的划分，见表 4-1。

建筑工程资料管理规程

表 4-1　地基与基础工程分项工程、检验批的划分

分部工程代号	分部工程名称	子分部工程代号	子分部工程名称	分项工程名称	备注
01	地基与基础	01	无支护土方	土方开挖、土方回填	
		02	有支护土方	排桩，降水，排水，地下连续墙，锚杆，土钉墙，水泥土桩，沉井与沉箱，钢及混凝土支撑	单独组卷
		03	地基及基础处理	灰土地基，砂和砂石地基，碎砖三合土地基，土工合成材料地基，粉煤灰地基，重锤夯实地基，强夯地基，振冲地基，砂桩地基，预压地基，高压喷射注浆地基，土和灰土挤密桩地基，注浆地基，水泥粉煤灰碎石桩地基，夯实水泥土桩地基	复合地基单独组卷
		04	桩基	锚杆静压桩及静力压桩，预应力离心管桩，钢筋混凝土预制桩，钢桩，混凝土灌注桩(成孔、钢筋笼、清孔、水下混凝土灌注)	单独组卷
		05	地下防水	防水混凝土，水泥砂浆防水层，卷材防水层，涂料防水层，金属板防水层，塑料板防水层，细部构造，喷锚支护，复合式衬砌、地下连续墙，盾构法隧道；渗排水、盲沟排水，隧道、坑道排水；预注浆、后注浆、衬砌裂缝注浆	
		06	混凝土基础	模板，钢筋，混凝土，后浇带混凝土，混凝土结构缝处理	
		07	砌体基础	砖砌体，混凝土砌块砌体，配筋砌体，石砌体	
		08	劲钢(管)混凝土	劲钢(管)焊接，劲钢(管)与钢筋的连接，混凝土	
		09	钢结构	焊接钢结构、栓接钢结构，钢结构制作，钢结构安装，钢结构涂装	单独组卷

第二节　地基与基础分部工程资料填写

实训引言

地基与基础分部工程资料主要包括施工管理资料、施工技术资料、进度造价资料、施工物资资料、施工记录、施工试验记录、施工质量验收记录和竣工验收资料等（表4-2）。

表4-2　地基与基础分部工程主要通用资料

序号	施工文件	提供单位	备注
一	图纸会审、设计变更、洽商记录		
1	图纸会审记录	施工单位	表C.2.4
2	设计变更通知单	施工单位	表C.2.5
3	工程洽商记录（技术核定单）	施工单位	表C.2.6
二	工程定位测量、放线记录		
1	工程定位测量记录	施工单位	表C.5.4
2	基槽（孔）放线记录	施工单位	表4-3
三	原材料出厂合格证及进场检（试）验报告		
1	材料、构配件进场检验记录	施工单位	表C.4.1
2	钢材试验报告	检测单位	表4-4
3	水泥试验报告	检测单位	表4-5
4	砂试验报告	检测单位	表4-6
5	碎（卵）石试验报告	检测单位	表4-7
6	轻骨料试验报告	检测单位	表4-8
7	混凝土掺合料试验报告	检测单位	表4-9
8	混凝土外加剂试验报告	检测单位	表4-10
四	施工试验报告及见证检测报告		
1	见证取样和送检见证人备案书	监理单位	
2	锚杆试验报告	检测单位	表4-11
3	地基承载力检验报告	检测单位	
4	桩基检测报告	检测单位	表4-12
5	土工击实试验报告	检测单位	表4-13
6	回填土试验报告	检测单位	表4-14
7	钢筋焊接连接试验报告	检测单位	表4-15
8	砌筑砂浆配合比申请单	施工单位	表4-16

续表

序号	施工文件	提供单位	备注
9	砌筑砂浆配合比通知单	检测单位	表4-17
10	砂浆抗压强度试验报告	检测单位	表4-18
11	砌筑砂浆试块强度统计、评定记录	施工单位	表C.6.5
12	混凝土配合比申请单	施工单位	表4-19
13	混凝土配合比通知单	检测单位	表4-20
14	混凝土抗压强度试验报告	检测单位	表4-21
15	混凝土试块强度统计、评定记录	施工单位	表C.6.6
16	结构实体钢筋保护层厚度检验记录	施工单位	表C.6.8
五	隐蔽工程验收记录		
1	土方开挖工程隐蔽工程验收记录	施工单位	表C.5.1
2	地下室防水工程隐蔽工程验收记录	施工单位	表C.5.1
3	地沟盖板隐蔽工程验收记录	施工单位	表C.5.1
4	基础钢筋工程隐蔽工程验收记录	施工单位	表C.5.1
5	地沟砌体工程隐蔽工程验收记录	施工单位	表C.5.1
六	施工记录		
1	沉降观测记录	测量单位	表4-23
2	基坑支护水平位移监测记录	施工单位	表4-24
3	桩基、支护测量放线记录	施工单位	
4	地基验槽记录	施工单位	表C.5.6
5	地基钎探记录	施工单位	表4-25
6	混凝土浇筑申请书	施工单位	表4-26
7	预拌混凝土运输单(正本)	施工单位	表4-27
8	预拌混凝土运输单(副本)	施工单位	表4-28
9	混凝土开盘鉴定单	施工单位	表4-29
10	混凝土拆模申请单	施工单位	表4-30
11	地下工程防水效果检查记录	施工单位	表C.5.7
七	预制构件、预拌混凝土合格证		
1	混凝土预制构件出厂合格证	供应单位	表4-31
2	预拌混凝土出厂合格证	供应单位	表4-32
八	地基与基础分项、分部工程质量验收记录		
1	土方工程		
(1)	土方开挖工程检验批质量验收记录表	施工单位	表4-33
(2)	土方回填工程检验批质量验收记录表	施工单位	表4-34
2	基坑工程		
(1)	排桩墙支护工程检验批质量验收记录表(重复使用钢板桩)	施工单位	

续表

序号	施工文件	提供单位	备注
(2)	排桩墙支护工程检验批质量验收记录表(混凝土板桩)	施工单位	
(3)	降水与排水工程检验批质量验收记录表	施工单位	
(4)	地下连续墙工程检验批质量验收记录表	施工单位	表4-35
(5)	锚杆及土钉支护工程检验批质量验收记录表	施工单位	
(6)	水泥土桩墙支护工程检验批质量验收记录表	施工单位	
(7)	沉井与沉箱工程检验批质量验收记录表	施工单位	
(8)	钢或混凝土支撑工程检验批质量验收记录表	施工单位	
3	地基工程		
(1)	灰土地基工程检验批质量验收记录表	施工单位	
(2)	砂和砂石地基工程检验批质量验收记录表	施工单位	
(3)	土工合成材料地基工程检验批质量验收记录表	施工单位	
(4)	粉煤灰地基工程检验批质量验收记录表	施工单位	
(5)	强夯地基工程检验批质量验收记录表	施工单位	
(6)	振冲地基工程检验批质量验收记录表	施工单位	
(7)	砂桩地基工程检验批质量验收记录表	施工单位	
(8)	预压地基工程检验批质量验收记录表	施工单位	
(9)	高压喷射注浆地基工程检验批质量验收记录表	施工单位	
(10)	土和灰土挤密桩复合地基工程检验批质量验收记录表	施工单位	
(11)	注浆地基工程检验批质量验收记录表	施工单位	
(12)	水泥粉煤灰碎石桩复合地基工程检验批质量验收记录表	施工单位	
(13)	夯实水泥土桩复合地基工程检验批质量验收记录表	施工单位	
(14)	水泥土搅拌桩地基工程检验批质量验收记录表	施工单位	
4	桩基工程		
(1)	静力压桩工程检验批质量验收记录表	施工单位	
(2)	预应力管桩工程检验批质量验收记录表	施工单位	
(3)	混凝土预制桩工程检验批质量验收记录表	施工单位	
(4)	钢桩工程检验批质量验收记录表	施工单位	
(5)	混凝土灌注桩工程检验批质量验收记录表	施工单位	
九	工程质量事故及事故调查处理资料	调查单位	

实训内容及要求

(一)工程定位测量、放线记录

1. 工程定位测量记录

依据规划部门提供的建筑红线或控制点的坐标,按照总平面图设计要求,测设建筑物位置、主控轴线、建筑物的±0.000高程，建立场地控制网，由施工单位填写工程定位测量记录，填报施工测量放线报验表，报监理单位审核、签字后，由建设单位报规划部门验线。"工程定位测量记录"填写提示如下：

（1）测绘部门根据建设工程规划许可证（附件）批准的建筑工程位置及标高依据，提供的放线成果、红线桩及场地（或建筑物）控制网等资料进行填报。

（2）工程定位测量完成后，应由建设单位填写"建设工程验线申请表"报请政府具有相关资质的测绘部门申请验线；工程定位测量记录：含建筑物的位置、主控轴线及尺寸、建筑物±0.000绝对高程，并填报"＿＿＿报验（审）申请表"报监理单位审核。

（3）允许误差：视工程等级而定。测量允许误差按测量中误差的2倍计算。

（4）定位抄测示意图：应标出单位工程（或多个单位工程）楼座规划点的外廓图形及外廓轴线和相关尺寸；标出本工程±0.000相当于绝对××.×××m的高程值；标出引测在场区内的高程点值，并示意所在位置；标出指北针的方向。当群体工程定位时，可在工程名称上标明所定工程。

施工单位填写的工程定位测量记录应一式四份，并应由建设单位、监理单位、施工单位、城建档案馆各保存一份。"工程定位测量记录"宜采用表C.5.4。

表C.5.4 工程定位测量记录

编号：＿＿＿＿＿＿

工程名称		委托单位	
图纸编号		施测日期	
平面坐标依据		复测日期	
高程依据		使用仪器	
允许误差		仪器校验日期	
定位抄测示意图：			
复测结果：			

签字栏	建设（监理）单位	施工（测量）单位		测量人员岗位证书号	
		专业技术负责人	测量负责人	复测人	施测人

2. 基槽(孔)放线记录

施工测量单位应根据主控轴线和基槽底平面图,检验建筑物基底外轮廓线、集水坑、电梯井坑、垫层底标高(高程)、基槽断面尺寸和坡度等,填写"基槽(孔)放线记录",并报监理单位审核,详见表4-3。重点工程或大型工业厂房应有测量原始记录,还应收集"普通测量成果"及基础平面图等相应附件。"基槽(孔)放线记录"填写提示如下:

(1)"验线依据及内容"一栏填写由建设单位或测绘院提供的坐标、高程控制点或工程测量定位控制桩、高程点等,内容要描述清楚。

(2)"基槽平面、剖面简图"一栏中填写由基础外轮廓线范围至混凝土垫层的外延及所含的集水坑、设备坑、电梯井等示意的位置、标高和基坑下口线的施工工作面尺寸。基槽剖面是指有变化的外廓轴线到基坑边支护的立面结构尺寸,重点是要填写的外廓轴线到基础外边的尺寸与设计图尺寸须一致;此项为准确尺寸外,其余均为技术措施尺寸。简图要能反映出外廓轴线垫层外边沿尺寸;外廓轴线到基础外边准确尺寸;垫层顶标高、底标高;集水坑、设备坑、电梯井垫层等标高;基础外墙、垫层外边沿尺寸、基坑施工面尺寸等。

(3)"检查意见"一栏将检查意见表达清楚,不得用"符合要求"一词代替检查意见(应有测量的具体数据误差)。

表4-3 基槽(孔)放线记录

编号:_____

工程名称			日期		
验线依据及内容:					
基槽平面、剖面简图(单位:mm):					
检查意见:					
签字栏	建设(监理)单位	施工测量单位			
		专业技术负责人	专业质检员		施测人

(二)原材料出厂合格证及进场检(试)验报告

材料试验报告由具备相应资质等级的检测单位出具,作为各种相关材料的附件进入资料流程管理。对于不需要进场复试的物资,由供货单位直接提供;对于需要进场复试的物资,由施工单位及时取样后送至规定的检测单位,检测单位根据相关标准进行试验后,填写材料试验报告并返还施工单位。材料试验报告填写提示如下:

(1)工程名称、代表数量等应准确并符合规范要求(应对检测单位告之准确内容)。

(2)返还的试验报告应重点保存。

(3)本书仅列数种材料试验的专用表格,凡按规范要求须做进场复试的物资,应按其相应专用复试表格填写。

1. 钢结构试验报告

依据《混凝土结构工程施工质量验收规范》(GB 50204—2015)规定,钢筋进场时,应按现行国家标准《钢筋混凝土用钢 第 2 部分:热轧带肋钢筋》(GB/T 1499.2—2018)的规定抽取试件做力学性能和重量偏差检验,检验结果必须符合标准的规定,详见表4-4。

检查数量:按进场的批次和产品的抽样检验方案确定。

检验方法:检查产品合格证、出厂检验报告和进场复试报告。当发现钢筋脆断、焊接性能不良或力学性能显著不正常等现象时,应对该批钢筋进行化学成分检验或其他专项检验。

钢筋复试按《建设工程质量检测管理办法》规定,钢筋进场时按批见证取样,送有见证检测资质的检测试验机构检测复试。对每批钢筋抽取 5 个试件,先进行质量偏差检验,再取其中 2 个试件进行拉伸试验、2 个试件进行弯曲试验。如钢筋混凝土用热轧钢筋,每批由同一牌号、同一罐号、同一规格、同一强度等级、同一进场批次的钢筋 60 t 为一批,超过 60 t 的部分,每增加 40 t(或不足 40 t 的余数)增加一个拉伸试验试件和一个弯曲试验试件。当钢筋发现脆断、焊接性能不良或力学性能显著不正常等现象时,还应对钢筋进行化学成分检验或其他专项检验,检测钢材中碳(C)、硫(S)、硅(Si)、锰(Mn)、磷(P)的含量。

对于预应力混凝土用钢材检测复试项目包括最大力、规定非比例延伸率、最大力总生产率,应力松弛性能、抗拉强度、弹性模量等。对于预应力锚夹具检测复试项目包括硬度、静载试验等。对于预应力波纹管检测复试项目包括钢带厚度(金属管)、波高、壁厚(金属管)、径向刚度(金属管)、抗渗漏性能(金属管)、环刚度(塑料管)、局部横向荷载、柔韧性(塑料管)、抗冲击性(塑料管)等。

表 4-4 钢材试验报告

编号:_____
试验编号:_____
委托编号:_____

工程名称			试件编号	
委托单位			试验委托人	
钢材种类		规格或牌号		生产厂家
代表数量		来样日期		试验日期
公称直径/厚度			公称面积	

续表

工程名称							试件编号			
试验结果	力学性能试验结果						弯曲性能			
	屈服点 /MPa	抗拉强度 /MPa	伸长率 /%	$\sigma_{b实}/\sigma_{s实}$	$\sigma_{s实}/\sigma_{b标}$		弯心直径 /mm	角度/°	结果	
	化学分析								其他:	
	分析编号	化学成分/%								
		C	Si	Mn	P	S	C_{eq}			

结论:

批准		审核		试验	
试验单位					
报告日期					

注:本表由试验单位提供,建设单位、施工单位、城建档案馆各保存一份。

2. 水泥试验报告表

依据《混凝土结构工程施工质量验收规范》(GB 50204—2015)的规定,**水泥进场时应对其品种、级别、包装或散装仓号、出厂日期等进行检查,并应对其强度、安定性及其他必要的性能指标进行复试**,其质量必须符合现行国家标准《通用硅酸盐水泥》(GB 175—2007)的规定,详见表 4-5。

在使用中对水泥质量有怀疑或水泥出厂超过三个月(快硬硅酸盐水泥超过一个月)时,应进行复试,并按复试结果使用。钢筋混凝土结构、预应力混凝土结构中,严禁使用含氯化物的水泥。

检查数量:按同一生产厂家、同一等级、同一品种、同一批号且连续进场的水泥,袋装不超过 200 t 为一批,散装不超过 500 t 为一批,每批抽样不少于一次。

检验方法:检查产品合格证、出厂检验报告和进场复试报告。

表 4-5 水泥试验报告

编　　号：_____
试验编号：_____
委托编号：_____

工程名称			试样编号			
委托单位			试验委托人			
品种及强度等级			出厂编号及日期		厂别牌号	
代表数量			来样日期		试验日期	
试验结果	一、细度	1. 80 μm方孔筛余量			%	
		2. 比表面积			m³/kg	
	二、标准稠度用水量			%		
	三、凝结时间	初凝		h min	终凝	h min
	四、安定性	雷氏法		mm	饼法	
	五、其他					
	六、强度/MPa					

	抗折强度				抗压强度			
	3 d		28 d		3 d		28 d	
	单块值	平均值	单块值	平均值	单块值	平均值	单块值	平均值

结论：

批准		审核		试验	
试验单位					
报告日期					

注：本表由试验单位提供，建设单位、施工单位、城建档案馆各保存一份。

3. 砂石试验报告

依据《混凝土结构工程施工质量验收规范》(GB 50204—2015)的规定，普通混凝土所用的粗、细骨料的质量应符合国家现行标准《普通混凝土用砂、石质量及检验方法标准》(JGJ 52—2006)的规定，详见表4-6～表4-10。

检查数量：按进场的批次和产品的抽样检验方案确定。

检验方法：检查进场复试报告。

表4-6 砂试验报告

编　　号：_____

试验编号：_____

委托编号：_____

工程名称				试样编号	
委托单位				试验委托人	
种类				产地	
代表数量			来样日期	试验日期	
试验结果	一、筛分析	1. 细度模数 μ_f			
		2. 级配区域			区
	二、含泥量	%			
	三、泥块含量	%			
	四、表观密度	kg/m³			
	五、堆积密度	kg/m³			
	六、碱活性指标				
	七、其他				

结论：

批准		审核		试验	
试验单位					
报告日期					

注：本表有实验单位提供，建设单位、施工单位、城建档案馆各保存一份。

表 4-7 碎(卵)石试验报告

编　　号：_____
试验编号：_____
委托编号：_____

工程名称				试样编号	
委托单位				试验委托人	
种类、产地				公称粒径	
代表数量			来样日期	试验日期	
试验结果	一、筛分析		级配情况	□连续粒级　　　□单粒级	
			级配结果		
			最大粒径		
	二、含泥量		%		
	三、泥块含量		%		
	四、针、片状颗粒含量		%		
	五、压碎指标值		%		
	六、表观密度		kg/m³		
	七、堆积密度		kg/m³		
	八、碱活性指标				
	九、其他				

结论：

批准		审核		试验	
试验单位					
报告日期					

注：本表由试验单位提供，建设单位、施工单位、城建档案馆各保存一份。

表 4-8 轻骨料试验报告

编　　号：_____
试验编号：_____
委托编号：_____

	工程名称				试样编号		
	委托单位				试验委托人		
	种类		密度等级			产地	
	代表数量		来样日期			试验结果	
试验结果	一、筛分析		1. 细度模数(细骨料)				
			2. 最大粒径(粗骨料)				mm
			3. 级配情况	□ 连续粒级		□ 单粒级	
	二、表观密度						kg/m³
	三、堆积密度						kg/m³
	四、筒压强度						MPa
	五、吸水率(1 h)						%
	六、粒型系数						
	七、其他			含泥量：	%	孔隙率：	%

结论：

批准		审核		试验	
试验单位					
报告日期					

注：本表由试验单位提供，施工单位保存。

表 4-9 混凝土掺合料试验报告

编　　号：_____
试验编号：_____
委托编号：_____

工程名称			试样编号	
委托单位			试验委托人	
掺合料种类		等级		产地	
代表数量		来样日期		试验日期	

试验结果			
一、细度	(1)0.045 mm 方孔筛筛余		%
	(2)80 μm 方孔筛筛余		%
二、需水量比			%
三、吸铵值			%
四、28 d 水泥胶砂抗压强度比			%
五、烧失量			%
六、其他			

结论：

批准		审核		试验	
试验单位					
报告日期					

注：本表由试验单位提供，建设单位、施工单位各保存一份。

4. 外加剂试验报告

外加剂主要包括减水剂、早强剂、缓凝剂、泵送剂、防水剂、防冻剂、膨胀剂、引气剂和速凝剂等。外加剂必须有质量证明书或合格证，有相应资质等级检测部门出具的检测报告、产品性能和使用说明书等。应按规定取样复试，具有复试报告。承重结构混凝土使用的外加剂应实行见证取样和送检制度。**混凝土外加剂试验报告由试验单位提供，建设单位、施工单位、城建档案馆各保存一份**，详见表 4-10。

表 4-10 混凝土外加剂试验报告

编　　号：_____
试验编号：_____
委托编号：_____

工程名称		试样编号	
委托单位		试验委托人	
产品名称		生产厂家		生产日期	
代表数量		来样日期		试验日期	
试验项目	必试项目			

试验结果	试验项目	试验结果
	(1)钢筋锈蚀	
	(2)凝结时间差	
	(3)28 d 抗压强度比	
	(4)减水率	

结论：

批准		审核		试验	
试验单位					
报告日期					

注：本表由试验单位提供，建设单位、施工单位、城建档案馆各保存一份。

(三)施工试验报告及见证检测报告

1. 施工试验报告

试验报告是为保证建筑工程质量,对用于工程的无特定标志的材料,进行有关指标测试,由试验单位出具的试验证明文件。这类表格主要由检测单位填写,现场资料管理人员仅需按规定要求收录即可,详见表4-11~表4-15。施工试验报告资料填写要求如下:

(1)工程名称及施工部位要写具体,名称应与图签和施工组织设计一致;施工部位明确,如地基、柱基处理等。

(2)委托单位应写具体,名称应与施工组织设计一致。

(3)代表数量按照实际的数量填写,不得超过规范验收批的最大批量。

(4)所用原材料要真实填写,应复试合格后再做试配,注意填好试验编号。

(5)试验结论要明确,责任人签字要齐全,不得漏签或代签。

(6)试验结论与使用品种、强度等级不符为不符合要求。

表4-11 锚杆试验报告

锚杆编号:＿＿＿#＿＿＿ 试验类别:＿基本试验＿ 注浆日期:＿＿月＿＿日 试验日期:＿＿月＿＿日

土层类别	锚杆资料	注浆资料	检验荷载/kN	油压表读数/MPa	锚头位移读数/mm 1 2 3	锚头位移增量/cm	备注

表 4-12　桩基检测报告

检测报告

(范本)

编号

(各检测单位自定)

受控编号：

工程名称：

委托单位：

设计单位：

施工单位：

监理单位：

检测机构(章)

年　　月　　日

声明：
1. 本检测报告无我单位检测专用章和计量认证专用章无效。
2. 本检测报告无骑缝章无效。
3. 本检测报告涂改、换页、漏页无效。
4. 本检测报告无检测、审核、批准人签字无效。
5. 对本检测报告若有异议或需要说明之处，应于收到报告之日起十五日内向我单位书面提出，本单位将给予及时的解释或答复。

检测机构：

单位地址：

邮政编码：

联系电话：

续表

检测机构名称

报告编号：_____

工程名称	
工程地点	
委托单位	
建设单位	
勘察单位	
设计单位	
监理单位	
施工单位	
基础形式	
设计要求	
检测目的	
检测方法	
检测数量	检测环境
检测时间　　　年　月　日至　月　日	检测类别
检测依据	
检测结论：	

（本页以下无正文）

检测机构（章）
　　　年　月　日

批准：　　　　审核：　　　　注册工程师：　　　　检测：

续表

1. 工程概况

叙述工程名称、地址、结构类型、规模、基础形式、地基处理方式、设计桩长、桩径、桩身强度、复合地基设计置换率、地基承载力、成桩时间、委托单位、检测单位、工作内容、工作时间等基本内容。

2. 工程地质概况

依据《××工程岩土工程勘察报告》，该工程建筑场地工程地质概况如下：

对检测场地的工程地质情况进行简要的描述（内容包括土层分布、土层基本物理力学指标、地下水水位及桩顶、桩端所在土层等）。

3. 检测目的

(1)通过××试验，检验××承载力特征值能否满足设计要求；

(2)检测桩身缺陷的程度及位置，判定桩身完整性类别；

(3)其他检测目的。

4. 检测数量

桩基础检测数量见下表。

本工程检测数量一览表

检测方法	总桩数	抽检数量	桩号	抽检依据
单桩、多桩复合地基荷载试验				
单桩竖向抗压静载试验				
单桩竖向抗拔静载试验				
单桩水平静载试验				
钻芯法				
低应变法				
高应变法				
声波透射法				

5. 检测方法及仪器设备

不同检测方法所使用仪器设备也不尽相同，由于篇幅有限，本处不详加介绍，详细可参考《建筑基桩检测技术规范》(JGJ 106—2014)及有关技术标准。

续表

6. 检测过程及结果分析
(1)静载试验。
1)描述检测过程(应包括受检桩及锚桩的尺寸、材料强度、锚桩数量、配筋情况),根据试验结果,编制静载试验结果数据汇总表。

××试验点静载试验数据汇总表

检测日期：　　　　　　　　　　　　　　　　　　成桩日期：

级别	荷载/kN	时间/min		沉降/mm	
		本级	累计	本级	累计
1					
2					
3					
4					
5					
6					
7					
8					
9					
10					
11					
12					

2)绘制试验特征曲线。(依据有关规范应明确取值过程,通过对试验成果曲线的分析,明确提出试验成果具体数值。)
(2)低应变法检测。(描述检测过程,列出实测波形,逐条分析,描述桩身完整性,确定桩身缺陷的程度及位置,判定桩身完整性类别,结果列汇总表。)
(3)其他检测方法。(描述检测过程,按相关标准规定进行结果分析。)
7. 检测结论
(1)该工程桩基承载力是否满足设计要求。
(2)桩身完整性检测,判定桩身完整性类别,注附各类桩的数量。
(有Ⅲ类桩时,应建议设计单位对此类桩的可用性进行复核。)

表 4-13　土工击实试验报告

编号：_____
试验编号：_____
委托编号：_____

工程名称及部位		试样编号	
委托单位		试验委托人	
结构类型		填土部位	
要求压实系数(λ_c)		土样种类	
来样日期		试验日期	

试验结果	

结论：

批准		审核		试验	
试验单位					
报告日期					

注：本表由建设单位、施工单位、城建档案馆各保存一份。

表 4-14　回填土试验报告

编号：_____
试验编号：_____
委托编号：_____

工程名称及施工部位										
委托单位				试验委托人						
要求压实系数 λ_c				回填土种类						
控制干密度 ρ_d		g/cm³		试验日期						
点号 项目 步数	1	2		实测干密度/(g·cm⁻³)						
				实测压实系数						
1										
2										
3										

续表

点号项目步数	1	2			实测干密度/(g·cm⁻³)				
					实测压实系数				
4									

取样位置简图(附图)
（略）

结论：

批准		审核		试验	
试验单位					
报告日期					

注：本表由建设单位、施工单位、城建档案馆各保存一份。

表 4-15 钢筋焊接连接试验报告

编　　号：_____

试验编号：_____

委托编号：_____

工程名称及部位				试件编号				
委托单位				试验委托人				
接头类型				检验形式				
设计要求接头性能等级				代表数量				
连接钢筋种类及牌号			公称直径			原材试验编号		
操作人			来样日期			试验日期		
接头试件			母材试件			弯曲试件		备注
公称面积/mm²	抗拉强度/MPa	断裂特征及位置	实测面积/mm²	抗拉强度/MPa		弯心直径	角度	结果

结论：

批准		审核		试验	
试验单位					
报告日期					

2. 砂浆配合比申请单、通知单

委托单位应依据设计强度等级、技术要求、施工部位、原材料情况等，向试验部门提出配合比申请单，试验部门依据配合比申请单，按照《砌体结构工程施工质量验收规范》(GB 50203—2011)的相关规定，并执行《砌筑砂浆配合比设计规程》(JGJ/T 98—2010)，签发配合比通知单，详见表4-16、表4-17。

砂浆配合比委托应提前办理，一般提前10 d左右委托为宜(砂浆配合比一般通过7 d强度值推定28 d强度值来计算配合比，另外，原材料试验也需要2～3 d时间)。砌筑砂浆应采用经试验确定的质量配合比，施工中要严格按配合比计量施工，不得随意变更。

砂浆的品种、强度等级、稠度、分层度、强度必须满足设计要求及《砌筑砂浆配合比设计规程》(JGJ/T 98—2010)，如品种、强度等级有变动，应征得设计的同意，并办理洽商。

水泥混合砂浆所用生石灰、黏土及电石渣均应化膏使用，其使用稠度宜为120 mm±5 mm计量。水泥砂浆和水泥石灰砂浆中掺用微沫剂，其掺量应事先通过试验确定。水泥黏土砂浆中，不得掺入有机塑化剂。

表4-16　砌筑砂浆配合比申请单

编　　号：_____

委托编号：_____

工程名称			
委托单位		试验委托人	
砂浆种类		强度等级	
水泥品种		厂别	
水泥进场日期		试验编号	
砂产地	粗细级别	试验编号	
掺合料种类		外加剂种类	/
申请日期		要求使用日期	

表4-17　砌筑砂浆配合比通知单

配合比编号：_____

试配编号：_____

强度等级		试验日期			
配合比					
材料名称	水泥	砂	白灰膏	掺合料	外加料
每1 m³用量/(kg·m⁻³)					
比例					
注：					
批准		审核		试验	
试验单位					
报告日期					

3. 砂浆抗压强度试验报告

承重结构的砌筑砂浆试块,应按规定实行见证取样和送检。每一楼层或 250 m³ 砌体的各种类型及强度等级的砌筑砂浆,每台搅拌机应至少抽检一次,每次至少应制作一组试块,每组由 6 个试块组成。如砂浆等级或配合比变更时,还应制作试块,砂浆抗压强度试验报告见表 4-18。

表 4-18 砂浆抗压强度试验报告

编　　号:＿＿＿＿＿＿
试验编号:＿＿＿＿＿＿
委托编号:＿＿＿＿＿＿

工程名称及部位					试件编号			
委托单位					试验委托人			
砂浆种类		强度等级			稠度			
水泥品种及强度等级					试验编号			
矿产地及种类					试验编号			
掺合料种类					外加剂种类			
配合比编号								
试件成型日期		要求龄期			要求试验日期			
养护方法		试件收到日期			试件制作人			
试验结果	试压日期	实际龄期 /d	试件边长 /mm	受压面积 /mm²	荷载/kN		抗压强度 /MPa	达设计强度等级 /%
					单块	平均		
结论:								
批准		审核			试验			
试验单位								
报告日期								

4. 砌筑砂浆试块强度统计、评定记录

砌筑砂浆试块强度统计评定应由项目专业质检员负责填报,项目技术负责人审核,发现不合格应及时采取措施。

(1)砂浆试块强度评定。

1)砂浆试块试压后,应将砂浆试块试压报告按施工部位及时间顺序编号,及时登记在砂浆试块试压报告目录表中。

2)结构验收(基础或主体结构完成后)前,按单位工程同品种、同强度等级砂浆为同一验收批,参加评定的必须是标准养护28 d试块的抗压强度,工程中所用各品种、各强度等级的砂浆强度都应分别进行统计评定。

(2)合格判定(砂浆试块强度统计评定)。当施工中或验收时出现下列情况,可采用非破损和微破损检测方法对砂浆和砌体强度进行原位检测或取样检测,判定其强度,并应由有资质等级的检测单位出具检测报告。

1)砂浆试块缺乏代表性或试块数量不足。

2)对砂浆试块的试验结果有怀疑或争议。

3)砂浆试块的试验结果已判定不能满足设计要求,需要确定砂浆或砌体强度。

砌筑砂浆试块强度统计、评定记录见表C.6.5。

表C.6.5 砌筑砂浆试块强度统计、评定记录

工程名称				编号		
				强度等级		
施工单位				养护方法		
统计期				结构部位		
试块组数 n	强度标准值 f_2 /MPa	平均值 $f_{2,m}$ /MPa		最小值 $f_{2,\min}$ /MPa	$0.75f_2$	
每组强度值 /MPa						
判定式	$f_{2,m} \geqslant f_2$			$f_{2,\min} \geqslant 0.75f_2$		
结果						
结论:						
签字栏	批准		审核		统计	
	报告日期					
注:本表建设单位、施工单位、城建档案馆各保存一份。						

5.混凝土配合比申请单、通知单

现场搅拌混凝土应有配合比申请单和配合比通知单,详见表4-19、表4-20。预拌混凝

土应有试验室签发的配合比通知单。委托单位应依据设计强度等级、技术要求、施工部位、原材料情况等向试验部门提出配合比申请单,试验部门依据配合比申请单签发配合比通知单。

配制混凝土时,应根据配制的混凝土的强度等级,选用适当品种、强度等级的水泥,以便在既满足混凝土强度要求,符合在满足耐久性所规定的最大水胶比、最小水泥用量要求的前提下,减少水泥用量,达到技术可行、经济合算。结构用混凝土应采用经试验室确定的质量配合比,施工中要严格按配合比计量施工,不得随意变更。

混凝土配合比申请单、通知单应在达到试验周期,且在正式施工前,由项目试验员负责领取,检查内容齐全无误后提交项目技术员或资料员。

表 4-19 混凝土配合比申请单

编　　号:＿＿＿＿＿＿＿
委托编号:＿＿＿＿＿＿＿

工程名称及部位					
委托单位		试验委托人			
设计强度等级		要求坍落度、扩展度			
其他技术要求					
搅拌方法		浇捣方法		养护方法	
水泥品种及强度等级		厂别牌号		试验编号	
砂产地及种类			试验编号		
石子产地及种类		最大粒径		试验编号	
外加剂名称			试验编号		
掺合料名称			试验编号		
申请日期		使用日期		联系电话	

表 4-20 混凝土配合比通知单

配合比编号:＿＿＿＿＿＿＿
试配编号:＿＿＿＿＿＿＿

强度等级 材料名称 项目	水胶比		水胶比		砂率		
	水泥	水	砂	石	外加剂	掺合料	其他
每 m³ 用量/kg							
每盘用量/kg							
混凝土碱含量 /(kg·m^{-3})	(注:此栏只有在有关规定及要求需要填写时才填写。)						
说明:							
批准		审核			试验		
报告日期							

注:本表由施工单位保存。

6. 混凝土抗压强度试验报告

根据混凝土试块的龄期，项目试验员在达到试块的试验周期后，凭试验委托合同单到检测单位领取完整的混凝土抗压强度试验报告，详见表 4-21。领取试验报告时，应认真查验报告内容，如发现与委托内容不符或存在其他笔误，视不同情况按检测单位的相应规定予以解决。报告中的混凝土强度等级、成型日期、强度值应与施工图、配合比、混凝土运输单、混凝土浇灌申请、检验批质量验收记录的相关内容相符。

表 4-21 混凝土抗压强度试验报告

编号：_____
试验编号：_____
委托编号：_____

工程名称及部位						试件编号			
委托单位						试验委托人			
设计强度等级						实测坍落度、扩展度			
水泥品种及强度等级						试验编号			
砂种类						试验编号			
石种类、公称直径						试验编号			
外加剂名称						试验编号			
掺合料名称						试验编号			
配合比编号									
成型日期			要求龄期			要求试验日期			
养护方法			收到日期			试块制作人			
试验结果	试验日期	实际龄期/d	试件边长/mm	受压面积/mm²	荷载/kN 单块值	荷载/kN 平均值	平均抗压强度/MPa	折合 150 mm³ 立方体抗压强度/MPa	达到设计强度等级/%
结论：									
批准			审核			试验			
试验单位									
报告日期									

注：本表由建设单位、施工单位各保存一份。

7. 混凝土试块强度统计、评定记录

混凝土强度统计评定工作应由项目质量员负责，如评定结果不合格应及时上报有关部

门(技术负责人、监理单位)采取处理措施。确定单位工程中需要统计评定的混凝土验收批,找出所有同一强度等级的各组试件强度值,分别填入表中,填写所有已知项目,分别计算出该批混凝土试件的强度平均值、标准差,找出合格判定系数和混凝土试件强度最小值填入表中。混凝土试块强度统计、评定记录见表C.6.6。

表 C.6.6 混凝土试块强度统计、评定记录

编号：_____

工程名称				强度等级				
施工单位				养护方法				
统计期				结构部位				
试块组数 n	强度标准值 $f_{cu,k}$/MPa	平均值 $m_{f_{cu}}$ /MPa	标准差 $S_{f_{cu}}$ /MPa	最小值 $f_{cu,min}$ /MPa	合格判定系数			
					λ_1	λ_2	λ_3	λ_4
每组强度值/MPa								
评定界限	☐ 统计方法(二)				☐ 非统计方法			
	$0.90 f_{cu,k}$	$m_{f_{cu}} - \lambda_1 \times S_{f_{cu}}$	$\lambda_2 \times f_{cu,k}$	$1.15 f_{cu,k}$	$0.95 f_{cu,k}$			
判定式	$m_{f_{cu}} - \lambda_1 \times S_{f_{cu}} \geq 0.90 f_{cu,k}$		$f_{cu,min} \geq \lambda_2 \times f_{cu,k}$		$m_{f_{cu}} \geq 1.15 f_{cu,k}$		$f_{cu,min} \geq 0.95 f_{cu,k}$	
结果								
结论:								
签字栏	批准		审核		统计			
	报告日期							

注：本表建设单位、施工单位、城建档案馆各保存一份。

8. 结构实体钢筋保护层厚度检验记录

结构实体钢筋保护层厚度检验记录详见表C.6.8。

表C.6.8 结构实体钢筋保护层厚度检验记录

编号：_____

工程名称								结构类型		
施工单位								验收日期		
构件类别	序号	钢筋保护层厚度/mm						合格点率	评定结果	监理(建设)单位验收结果
		设计值	实测值							
梁										
板										

结论：

签字栏	项目专业技术负责人	专业监理工程师或建设单位项目专业技术负责人

注：1. 本表中对每一构件可填写6根钢筋的保护层厚度实测值，应检验钢筋的具体数量须根据规范要求和实际情况确定。

2. 本表应有以下附件：

(1)钢筋保护层厚度检验的结构部位应由监理(建设)单位、施工单位共同规定，有相应文字记录(计划)；

(2)钢筋保护层厚度检验的结构部位、构件类别、构件数量、检验钢筋数量和位置应符合《混凝土结构工程施工质量验收规范》(GB 50204—2015)的规定，见表4-22"钢筋保护层厚度试验报告"。

表 4-22 钢筋保护层厚度试验报告

编号：_____
试验编号：_____
委托编号：_____

试验委托人				见证人		
构件名称						
测试点编号						
保护层厚度设计值/mm						
保护层厚度实测值/mm						
测试位置示意图：						
结论：						
批 准			审 核		试 验	
试验单位						
报告日期						

(四)施工记录

1. 沉降观测记录

"沉降观测记录"见表 4-23，其内容要求如下：

(1)根据设计要求和相关规范规定，凡需进行沉降观测的工程，应由建设单位委托有资质测量单位进行施工过程中及竣工后的沉降观测工作。

(2)测量单位应按设计单位和规范的规定，或监理单位批准的观测方案，设置沉降观测方案，设沉降观测点，绘制沉降观测点布置图，定期进行沉降观测记录，并应附沉降点观测的沉降量与时间荷载关系曲线图和沉降观测技术报告。

表 4-23 沉降观测记录

编号：_____

工程名称				监测项目				
工程地点				监测仪器及编号				
日 期								单位：mm
测点	初测值/mm	上次位移值/mm	本次位移值/mm	累计位移值/mm	测点	初测值/mm	上次位移值/mm	本次位移值/mm	累计位移值/mm

续表

工程名称					监测项目				

沉降报警值	
监测单位		监测人		项目技术负责人	

监理单位意见：
　符合程序要求（　）
　不符合程序要求，请重新组织观测（　）

　　　　　　　　　　　　　　　　　　　　　监理工程师（签字）：
　　　　　　　　　　　　　　　　　　　　　　　　年　月　日

2. 基坑支护水平位移监测记录

"基坑支护水平位移监测记录"见表4-24。

表4-24　基坑支护水平位移监测记录

编号：_____

工程名称		监测项目	
工程地点		监测仪器及编号	

日　期

测点	初测值/mm	上次位移值/mm	本次位移值/mm	累计位移值/mm	测点	初测值/mm	上次位移值/mm	本次位移值/mm	累计位移值/mm

沉降报警值	
监测单位		监测人		项目技术负责人	

监理单位意见：
　符合程序要求（　）
　不符合程序要求，请重新组织观测（　）

　　　　　　　　　　　　　　　　　　　　　监理工程师（签字）：
　　　　　　　　　　　　　　　　　　　　　　　　年　月　日

3. 地基验槽记录

地基验槽记录是土方挖出槽底设计标高，钎探完成之后进行的对建筑物持力层情况的验收，是所有新建工程必不可少的一项工作。地基验槽应符合现行国家标准《建筑地基工程施工质量验收标准》(GB 50202—2018)的有关规定，详见表C.5.6。地基验槽记录填写提示如下：

(1)验收时间为各方共同检查验收日期。

(2)基槽(坑)位置、几何尺寸、槽底标高均按验收实测记录填写。

(3)土层走向、厚度、土质有变化的部位，用图示加以说明。

(4)槽底土质类别、颜色及坚硬均匀情况。
(5)地下水位及水浸情况等。
(6)遇有古坟、枯井、洞穴、电缆、旧房基础以及流砂等,应在图中标明位置、标高、处理情况说明或写明变更文件编号。

施工单位填写的地基验槽记录要点:验槽内容应注明地质勘察报告编号、基槽标高、断面尺寸,必要时可附断面简图;注明土质情况,附上钎探记录和钎探点平面布置图,在钎探图上用红蓝铅笔标注软土、硬土情况;若采用桩基还应说明桩的类型、数量等,附上桩基施工记录、桩基检测报告等。检查结论应由勘察、设计单位出具,对验槽内容是否符合勘察、设计文件要求作出评价,是否同意通过验收。对需要地基处理的基槽,应注明质量问题,并提出具体地基处理意见。对进行地基处理的基槽,还需再办理一次地基验槽记录。在"验槽内容"栏,要将地基处理的洽商编号写上,处理方法描述清楚。

表 C.5.6 地基验槽记录

工程名称			编号	
验槽部位			验槽日期	
依据:施工图号_____、设计变更/洽商/技术核定编号_____ 及有关规范、规程。					
验槽内容: 1. 基槽开挖至勘探报告第_____层,持力层为_____层。 2. 土质情况_____。 3. 基坑位置、平面尺寸_____。 4. 基底绝对高程和相对标高_____。 申报人:					
检查意见:					
检查结论: □无异常,可进行下道工序 □需要地基处理					
签字栏	建设单位	监理单位	设计单位	勘察单位	施工单位

注:本表由施工单位填写,建设单位、施工单位、城建档案馆各保存一份。

4. 地基钎探记录

地基钎探是将标志刻度的标准直径钢钎,采用机械或人工的方式,使用标定质量的击锤,垂直击打进入地基土层;根据钢钎进入待探测地基土层所需的击锤数,探测土层内隐蔽构造情况或粗略估算土层的容许承载力。

地基钎探记录用于检验浅层土(如基槽)的均匀性,确定地基的容许承载力及检验填土的质量,详见表 4-25。钎探前应绘钎探点平面布置图、确定钎探点布置及顺序编号。按照钎探图及有关规定进行钎探并记录,主要包括钎探平面布置图及钎探记录两方面内容。"地基钎探记录"填写提示如下:

(1)"地基钎探记录"中施工单位、工程名称要写具体。

(2)"套锤重""自由落距""钎径""钎探日期"栏要求依据现场情况填写。
(3)专业技术人员、工长、记录人的签字要齐全。
(4)钎探中如发现异常情况,应在地基钎探记录表的备注栏注明。

表 4-25 地基钎探记录

编号：_____

工程名称				钎探日期		
套锤重			自由落距		钎径	

| 顺序号 | 各步锤击数 | | | | | | 备注 |
	0~30 cm	30~60 cm	60~90 cm	90~120 cm	120~150 cm	150~180 cm	180~210 cm	

施工单位		
专业技术负责人	专业工长	记录人

5. 混凝土浇筑申请书

正式浇筑混凝土前，施工单位应检查各项准备工作(如钢筋、模板工程检查、水电预埋件检查，材料设备等准备检查)，自检合格由施工现场工长填写本表报请施工单位技术负责人和监理单位签认批准后方可浇筑混凝土。"混凝土浇筑申请书"详见表 4-26，填写提示如下：

（1）混凝土浇筑申请书应由施工班组填写申报，由监理单位和技术负责人或质量检查人员批准，每个台班都应填写。

（2）表中各项都应根据实际情况填写清楚、齐全，不得有缺项、漏项。

（3）准备工作都应逐条完成，并在实际情况前的□上打"√"，否则应补好后再申请。

表 4-26 混凝土浇筑申请书

编号：_____

工程名称		申请浇筑日期	
申请浇筑部位		申请方量/m³	
技术要求		强度等级	
搅拌方式 （搅拌站名称）		申请人	

依据：施工图纸(施工图纸号_____)、设计变更/洽商
　　　(编号_____)和有关规范、规程。

施 工 准 备 检 查	专业工长 （质量员）签字	备 注
1. 隐检情况：　□ 已　□未完成隐检。		
2. 预检情况：　□ 已　□未完成预检。		
3. 水电预埋情况：　□ 已　□未完成并未经检查。		
4. 施工组织情况：　□ 已　□未完备。		
5. 机械设备准备情况：□ 已　□未准备。		
6. 保温及有关准备：　□ 已　□未准备。		

审批意见：

审批结论：　□ 同意浇筑　　□ 整改后自行浇筑　　□ 不同意，整改后重新申请
审批人：

施工单位名称：　　　　　　　　　　　　　　　审批日期：

注：1. 本表由施工单位填写并保存，并交给监理一份备案。
　　2. 技术要求栏应依据混凝土合同的具体要求填写。

6. 预拌混凝土运输单

预拌混凝土供应单位应随车向施工单位提供预制混凝土运输单,"预制混凝土运输单"的正本由供应单位保存,副本由施工单位保存,详见表4-27、表4-28。施工单位专业质量员应及时统计、分析混凝土实测坍塌度、混凝土浇筑间歇时间等,且需满足规范规定。单车总耗时(运输、浇筑及间歇的全部时间)不得超过初拟时间,当超过规定时间应按施工缝处理。对现场实测坍落度不合格,运输超时的混凝土应及时退场。施工单位应检验运输单项目是否齐全、准确、真实、有无未了项,编号应填写正确、签字盖章齐全。

表 4-27 预拌混凝土运输单(正本)

编号:_____

合同编号		任务单号			
供应单位		生产日期			
工程名称及施工部位					
委托单位		混凝土强度等级		抗渗等级	
混凝土输送方式		其他技术要求			
本车供应方量/m³		要求坍落度/cm		实测坍落度/cm	
配合比编号		配合比比例			
运距/km		车号		车次		司机	
出站时间		到场时间		现场出罐温度/℃	
开始浇筑时间		完成浇筑时间		现场坍落度/cm	
签字栏	现场验收人		混凝土供应单位质量员		混凝土供应单位签发人	

表 4-28 预拌混凝土运输单(副本)

编号:_____

合同编号		任务单号			
供应单位		生产日期			
工程名称及施工部位					
委托单位		混凝土强度等级		抗渗等级	
混凝土输送方式		其他技术要求			
本车供应方量/m³		要求坍落度/cm		实测坍落度/cm	

续表

合同编号			任务单号			
配合比编号			配合比比例			
运距/km		车号		车次		司机
出站时间		到场时间		现场出罐温度/℃		
开始浇筑时间		完成浇筑时间		现场坍落度/cm		
签字栏	现场验收人		混凝土供应单位质量员		混凝土供应单位签发人	

7. 混凝土开盘鉴定

混凝土开盘鉴定指第一次使用的配合比，第一盘搅拌时的鉴定。在施工时，它的主要作用是验证配合比中的组成材料与使用的材料是否相符，混凝土的拌合物能否与要求相符，如果一致，监理单位可视为鉴定合格，允许搅拌浇筑。"混凝土开盘鉴定表"详见表 4-29，开盘鉴定主要核查的内容为：

(1)核查开盘鉴定的范围是否正确，内容是否完整，是否符合要求。
(2)核查标准养护试件的试验报告，验证配合比。
(3)核查开盘鉴定是否填写正确、完整，参加鉴定单位签字手续是否齐全。

表 4-29 混凝土开盘鉴定表

编号：_____

工程名称及部位				鉴定编号			
施工单位				搅拌方式			
强度等级				要求坍落度			
配合比编号				试配单位			
水胶比				砂率/%			
材料名称		水泥	砂	石	水	外加剂	掺合料
每 m³ 用料/kg							
调整后每盘用料/kg		砂含水率	%		石含水率	%	
鉴定结果	鉴定项目	混凝土拌合物性能			混凝土试块抗压强度/MPa		原材料与申请单是否相符
		坍落度	保水性	黏聚性			
	设计	cm					
	实测	cm					
鉴定结论：							
建设(监理)单位		混凝土试配单位负责人		施工单位技术负责人		搅拌机组负责人	
鉴定日期							
注：要用现场搅拌混凝土的工程，本表由施工单位填写并保存。							

8. 混凝土拆模申请单

混凝土结构在浇筑完成一些构件或一层结构之后，经过自然养护(或冬期蓄热法等养护)之后，在混凝土具有相当强度时，为使模板能周转使用，就要对支撑的模板进行拆除，"混凝土拆模申请单"详见表 4-30。

表 4-30 混凝土拆模申请单

编号：_____

工程名称					
申请拆模部位					
混凝土强度等级		混凝土浇筑完成时间		申请拆模日期	
构件类型 (注：在所选构件类型的□内画"√")					
□墙	□柱	板： □跨度≤2 m □2 m<跨度≤8 m □跨度>8 m	梁： □跨度≤8 m □跨度>8 m	□悬臂构件	_____ _____
拆模时混凝土强度要求		龄期 /d	同条件混凝土抗压强度/MPa	达到设计强度要求/%	强度报告编号
应达到设计强度的_____% (或_____MPa)					
审批意见： 批准拆模日期：					
施工单位					
专业技术负责人		专业质检员		申请人	

注：1. 本表由施工单位填写并保存。
　　2. 拆模时混凝土强度规定：当设计有要求时，应按设计要求；当设计无要求时，应按现行规范要求。
　　3. 如结构形式复杂(结构跨度变化较大)成平面不规则，应附拆模平面示意图。

9. 地下工程防水效果检查记录

地下工程验收时，应对地下工程有无渗漏现象进行检查，检查内容应包括裂缝、渗漏部位、大小、渗漏情况和处理意见等。渗漏水重点调查范围：房屋建筑地下室围护结构内墙和底板；全埋设地下的结构(地下商场、地铁车站)应调查围护结构内墙和底板，背水的顶板(拱顶);钢筋混凝土衬砌的隧道以及钢筋混凝土管片衬砌的隧道渗漏水(重点是上半环)。"地下工程防水效果检查记录"详见表 C.5.7。

填写注意事项和要求如下:
(1)收集背水内表面结构工程展开图、相关图片、相片及说明文件等。
(2)由施工单位填写,报送建设单位和监理单位,各相关单位保存。
(3)相关要求:地下工程验收时,发现渗漏水现象应制作、标示好背水内表面结构工程展开图。
(4)注意事项:"检查方法及内容"栏内按《地下防水工程质量验收规范》(GB 50208—2011)相关内容及技术方案填写。

表 C.5.7　地下工程防水效果检查记录

编号:_____

工程名称				
检查部位		检查日期		
检查方法及内容:				
检查结论:				
复查结论:				
复查人:		复查日期:		
签字栏	建设(监理)单位	施工单位		
		专业技术负责人	专业质检员	专业工长
注:本表由施工单位填报,建设单位、施工单位各保存一份。				

(五)预制构件、预拌混凝土合格证

1. 预制混凝土构件出厂合格证

"混凝土预制构件出厂合格证"应由加工单位提供,由施工单位保存,详见表4-31。混凝土预制构件出厂合格证填写提示如下:

(1)预制构件应有出厂合格证,各项应填写齐全,不得有错填和漏填。合格证须填写构件名称、合格证编号、构件型号及规格、供应数量、制造厂名称、企业资质等级证编号、标准图号及设计图纸号、混凝土设计强度等级及浇筑日期、构件出厂日期、构件性能检验评定结果及结论、技术负责人签字、填表人签字及单位盖章等内容。

(2)对于国家实行产品许可证的大型屋面板,预应力短(长)向圆孔板,按相关规定应有产品许可证编号。

资料员应及时收集、整理和验收预制构件的出厂合格证,任何单位不得涂改、伪造、损毁或抽测预制构件的出厂合格证。如果预制构件的合格证是抄件(如复印件),则应注明原件的编号、存放单位、抄件时间,并有抄件人、抄件单位签字和盖章。

表4-31 混凝土预制构件出厂合格证

编号:_____

工程名称			合格证编号		
构件名称		型号规格		供应数量	
制造厂家			企业等级证		
标准图号或设计图纸号			混凝土设计强度等级		
混凝土浇筑日期			构件出厂日期		
性能检验评定结果	混凝土抗压强度达到设计强度百分比/%	受力主筋			
		试验编号	力学性能	工艺性能	
	外观检查				
	质量状况		规格尺寸		
	结构性能				
	承载力/kPa	挠度/mm	抗裂检验/kPa	裂缝宽度/mm	
备注		结论:			

续表

工程名称			合格证编号	
供应单位技术负责人		填表人		供应单位 （盖章）
		填表日期：		

注：本表由预制混凝土构件供应单位提供，建设单位、施工单位各保存一份。

2. 预拌混凝土出厂合格证

施工现场使用预拌混凝土前应有技术交底和具备混凝土工程的标准养护条件。预拌混凝土搅拌单位必须按规定向施工单位提供质量合格的混凝土并随车提供预拌混凝土证明文件。预拌混凝土出厂合格证见表 4-32，填写提示如下：

(1) 预拌混凝土出厂合格证由供应单位负责提供，应包括以下内容：订货单位、合格证编号、工程名称与浇筑部位、混凝土强度等级、抗渗等级、供应订货量、供应日期、原材料品种及规格、试验编号、配合比编号、混凝土 28 d 抗压强度值、抗渗试验、抗压强度统计结果及结论，技术负责人（签字）、填表人（签字）、供应单位盖章。

(2) 预拌混凝土供应单位除向施工单位提供上述资料外，还应保证以下资料的可追溯性：试配记录、水泥出厂合格证和试（检）验报告、砂和碎（卵）石试验报告、轻骨料试（检）验报告、外加剂和掺合料产品合格证和试（检）验报告、开盘鉴定、混凝土抗压强度报告（出厂检验混凝土强度值应填入预拌混凝土出厂合格证）、抗渗试验报告（试验结果应填入预拌混凝土出厂合格证）、混凝土坍落度测试记录（搅拌站测试记录）和原材料有害物含量检测报告。

(3) 采用现场搅拌混凝土方式的，施工单位应收集、整理上述资料中除预拌混凝土出厂合格证、预拌混凝土运输单之外的所有资料。

(4) 合格证要填写齐全、无未了项，不得漏填或错填；做到数据真实、结论正确，符合要求。

表 4-32 预拌混凝土出厂合格证

编号：_____

订货单位				合格证编号		
工程名称与 浇筑部分						
强度等级		抗渗等级		供应量/m³		
供应日期		年 月 日至 年 月 日				
配合比编号						
原材料名称	水泥	砂	石	掺合料	外加剂	
品种及规格						
试验编号						

续表

订货单位					合格证编号		
每组抗压强度值 /MPa	试验编号	强度值	试验编号	强度值	备注：		
抗渗试验	试验编号	指标	试验编号	指标			
抗压强度统计结果					结论：		
组数 n		平均值		最小值			
供应单位技术负责人			填表人		加工单位（盖章）		
填表日期：							

注：本表由预拌混凝土供应单位提供，建设单位、城建档案馆、施工单位各保存一份。

(六) 分项、分部工程质量验收记录

分项、分部工程质量验收记录见表 4-33～表 4-37。

表 4-33 土方开挖工程检验批质量验收记录表

010101□□

工程名称			分部(子分部)工程名称			验收部位		
施工单位					专业工长		项目经理	
施工执行标准名称及编号								
分包单位			分包项目经理			施工班组长		
施工质量验收规范的规定							施工单位检查评定记录	监理(建设)单位验收记录
项 目			允许偏差或允许值/mm					
			柱基基坑基槽	挖方场地平整		管沟	地(路)面基层	
				人工	机械			
主控项目	1	标高	−50	±30	±50	−50	−50	
	2	长度、宽度(由设计中心线向两边量)	+200 −50	+300 −100	+500 −150	+100	/	
	3	边坡			设计要求			

续表

工程名称		分部(子分部)工程名称				验收部位	
项　　目		允许偏差或允许值/mm				施工单位检查评定记录	监理(建设)单位验收记录
一般项目	1	表面平整度	±20	±20	±50	±20	±20
	2	基底土性	设计要求				

施工单位检查评定结果	项目专业质量检查员：　　　　　　　　　　　　　　年　月　日
监理(建设)单位验收结论	监理工程师： (建设单位项目专业技术负责人)　　　　　　　　　　　年　月　日

表4-34　土方回填工程检验批质量验收记录表

010102□□

工程名称			分部(子分部)工程名称			验收部位		
施工单位				专业工长		项目经理		
施工执行标准名称及编号								
分包单位			分包项目经理			施工班组长		
施工质量验收规范的规定							施工单位检查评定记录	监理(建设)单位验收记录
检查项目			允许偏差或允许值/mm					
			柱基基坑基槽	场地平整		管沟	地(路)面基层	
				人工	机械			
主控项目	1	标高	-50	±30	±50	-50	-50	
	2	分层压实系数	设计要求					
一般项目	1	回填土料	设计要求					
	2	分层厚度及含水量	设计要求					
	3	表面平整度	±20	±20	±30	±20	±20	

续表

工程名称		分部(子分部)工程名称		验收部位	
施工单位检查评定结果					
	项目专业质量检查员：			年 月 日	
监理(建设)单位验收结论					
	监理工程师(建设单位项目专业技术负责人)：			年 月 日	

表 4-35 地下连续墙工程检验批质量验收记录表

工程名称			分部(子分部)工程名称		验收部位	
施工单位			专业工长		项目经理	
施工执行标准名称及编号						
分包单位			分包项目经理		施工班组长	
		施工质量验收规范的规定		施工单位检查评定记录		监理(建设)单位验收记录
主控项目	1	墙体强度	设计要求			
	2	槽壁垂直度：永久结构 临时结构	1/300 1/200			
	3	槽段深度	设计要求			

续表

工程名称			分部（子分部）工程名称		验收部位	
		施工质量验收规范的规定		施工单位检查评定记录		监理（建设）单位验收记录
一般项目	1	导墙尺寸	宽度（设计墙厚+40 mm）垂直度 导墙顶面平整度 导墙平面定位 导墙顶标高	±40 mm ≤1/500 ±5 mm ≤10 mm ±20 mm		
	2	槽段宽度	临时结构 永久结构	设计要求		
	3	槽段位	临时结构 永久结构	≤150 mm ≤100 mm		
	4	沉渣厚度	临时结构 永久结构	≤150 mm ≤100 mm		
	5	混凝土坍落度	180～220 mm			
	6	地下连续墙表面平整度	临时结构 永久结构 预制地下连续墙	±150 mm ±100 mm ±20 mm		
	7	预制墙顶标高		±10 mm		
	8	预制墙中心位移		≤10 mm		
	9	永久结构的渗漏水		无渗漏、线流，且≤0.1L/(m²·d)		

施工单位检查评定结果	项目专业质量检查员：　　　　年　月　日
监理（建设）单位验收结论	监理工程师（建设单位项目专业技术负责人）： 年　月　日

职业技能实际训练

训练1　编制"工程定位测量记录"，见表C.5.4。

表 C.5.4　工程定位测量记录

编号：_____

工程名称	××大学综合楼	委托单位	××公司
图纸编号	×××	施测日期	××年×月×日
平面坐标依据	××——036A、方1、D	复测日期	××年×月×日
高程依据	测××——036BMG	使用仪器	DS1
允许误差	±13 mm	仪器校验日期	××年×月×日

定位抄测示意图：

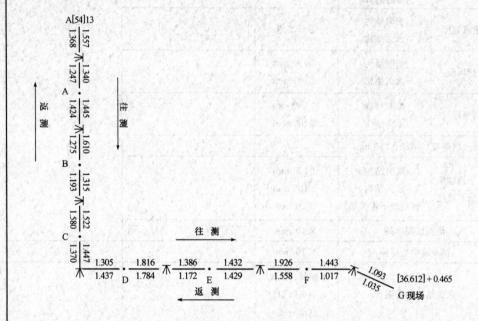

复测结果：

$h_{往} = \sum 后 - \sum 前 = +0.273$ m

$h_{返} = \sum 后 - \sum 前 = -0.281$ m

$f_{测} = \sum 后 + \sum 前 = -8$ m

$f_{允} = \pm 5$ mm　　$\sqrt{N} = \pm 5$ mm　　允许误差±13 mm＞$f_{测}$，精度合格

高差 $h = +0.277$ m

签字栏	建设(监理)单位	施工(测量)单位	××建筑工程公司	测量人员岗位证书号	027-×××××××
		专业技术负责人	测量负责人	复测人	施测人
	×××	×××	×××	×××	×××

训练 2 编制"基槽(孔)放线记录",见表 4-36。

表 4-36 基槽(孔)放线记录

编号:_____

工程名称	××大学综合楼	日期	××年×月×日

验线依据及内容:

依据:(1)施工图纸(图号××)设计变更/洽商(编号××)。
(2)本工程《施工测量方案》。
(3)定位轴线控制网。

内容:根据主控轴线和基底平面图,检验建筑物基底外轮廓线、集水坑(电梯井坑)、垫层标高、基槽断面尺寸及边坡坡度(1∶0.5)等。

基槽平面、剖面简图(单位:mm):

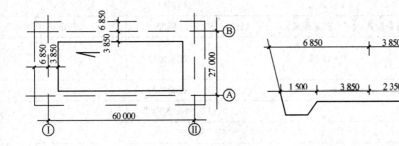

检查意见:

经检查:①~⑪/Ⓐ~Ⓑ轴为基底控制轴线,垫层标高,基槽开挖的断面尺寸,坡度边线、坡度等各项指标符合设计要求及本工程《施工测量方案》的规定,可进行下道工序施工。

签字栏	建设(监理)单位	施工测量单位	××建筑工程公司	
		专业技术负责人	专业质检员	施测人
	×××	×××	×××	×××

训练 3 编制"砌筑砂浆配合比通知单",见表 4-37。

表 4-37 砌筑砂浆配合比通知单

配合比编号:__××-0082__

试配编号:__×××__

强度等级	M5	试验日期	××年×月×日		
配合比					
材料名称	水泥	砂	白灰膏	掺合料	外加料
每 1 m³ 用量/(kg·m⁻³)	238	1571	95		
比例	1	6.6	0.4		

续表

强度等级	M5	试验日期	××年×月×日

注：砂浆稠度为 70~100 mm，白灰膏稠度应为 120 mm±5 mm。

批准	×××	审核	×××	试验	×××
试验单位	××建筑工程公司				
报告日期	××年×月×日				

训练 4 编制"砂浆抗压强度试验报告"，见表 4-38。

表 4-38 砂浆抗压强度试验报告

编　　号：　×××
试验编号：××××—×××
委托编号：××××—×××

工程名称及部位	××工地　地上五层①~⑧/Ⓐ~Ⓔ轴砌体			试件编号	007
委托单位	×××			试验委托人	×××
砂浆种类	水泥混合砂浆	强度等级	M10	稠度	70 mm
水泥品种及强度等级	P·O 42.5			试验编号	××
矿产地及种类	×××　中砂			试验编号	××
掺合料种类	/			外加剂种类	/
配合比编号	××××—×××				
试件成型日期	××年×月×日	要求龄期	28 d	要求试验日期	××年×月×日
养护方法	标准	试件收到日期	××年×月×日	试件制作人	×××

试验结果	试压日期	实际龄期/d	试件边长/mm	受压面积/mm²	荷载/kN 单块	荷载/kN 平均	抗压强度/MPa	达设计强度等级/%
	××年×月×日	28	70.7	5000	54.6	62.7	12.5	125
					56.3			
					69.8			
					65.5			
					60.7			
					69.4			

结论：

合格。

批准	×××	审核	×××	试验	×××
试验单位	×××				
报告日期	××年×月×日				

实训 5　主体结构分部工程资料

第一节　主体结构分部工程中分项工程、检验批的划分

《建筑工程资料管理规程》(JGJ/T 185—2009)对工程的主体结构分部工程进行了分项工程和检验批的划分，见表 5-1。

表 5-1　主体结构工程分项工程、检验批划分

分部工程代号	分部工程名称	子分部工程代号	子分部工程名称	分项工程名称	备注
02	主体结构	01	混凝土结构	模板，钢筋，混凝土，预应力、现浇结构，装配式结构	
		02	劲钢(管)混凝土结构	劲钢(管)焊接，螺栓连接，劲钢(管)与钢筋的连接，劲钢(管)制作、安装，混凝土	
		03	砌体结构	砖砌体，混凝土小型空心砌块砌体，石砌体，填充墙砌体，配筋砖砌体	
		04	钢结构	钢结构焊接，紧固件连接，钢零部件加工，单层钢结构安装，多层及高层钢结构安装，钢结构涂装，钢构件组装，钢构件预拼装，钢网架结构安装，压型金属板	单独组卷
		05	木结构	方木和原木结构，胶合木结构，轻型木结构，木构件防护	单独组卷
		06	网架和索膜结构	网架制作，网架安装，索膜安装，网架防火，防腐涂料	单独组卷

第二节 主体结构分部工程资料填写

实训引言

主体结构分部工程资料主要包括施工管理资料、施工技术资料、进度造价资料、施工物资资料、施工记录、施工试验记录、施工质量验收记录和竣工验收资料等（表5-2）。

表5-2 主体结构分部工程主要通用资料

序号	施工文件	提供单位	备注
一	图纸会审、设计变更、洽商记录		
1	图纸会审记录	施工单位	参见表 C.2.4
2	设计变更通知单	施工单位	参见表 C.2.5
3	工程洽商记录	施工单位	参见表 C.2.6
二	工程定位测量、放线记录		
1	楼层平面放线记录	施工单位	参见表 5-3
2	楼层标高抄测记录	施工单位	参见表 5-4
3	建筑物垂直度、标高观测记录	施工单位	参见表 C.5.5
三	原材料出厂合格证及进场检(试)验报告		
1	材料、构配件进场检验记录	施工单位	参见表 C.4.1
2	钢材试验报告	检测单位	参见表 4-4
3	半成品钢筋出厂合格证	供应单位	参见表 5-5
4	钢构件出厂合格证	供应单位	参见表 5-6
5	水泥试验报告	检测单位	参见表 4-5
6	砂试验报告	检测单位	参见表 4-6
7	碎(卵)石试验报告	检测单位	参见表 4-7
8	轻骨料试验报告	检测单位	参见表 4-8
9	混凝土掺合料试验报告	检测单位	参见表 4-9
10	混凝土外加剂试验报告	检测单位	参见表 4-10
11	砖(砌块)试验报告	检测单位	参见表 5-7
12	预应力筋复试报告	检测单位	
13	预应力锚具、夹具和连接器复试报告	检测单位	
14	钢结构用钢材复试报告	检测单位	
15	钢结构用防火涂料复试报告	检测单位	
16	钢结构用焊接材料复试报告	检测单位	

续表

序号	施工文件	提供单位	备注
17	钢结构用高强度大六角头螺栓连接副复试报告	检测单位	
18	钢结构用扭剪型高强度螺栓连接副复试报告	检测单位	
19	幕墙用铝塑板、石材、玻璃结构胶复试报告	检测单位	
四	施工试验报告及见证检测报告		
1	见证取样和送检见证人备案书	监理单位	
2	钢筋焊接连接试验报告	检测单位	参见表4-15
3	砌筑砂浆配合比申请单	施工单位	参见表4-16
4	砌筑砂浆配合比通知单	检测单位	参见表4-17
5	砂浆抗压强度试验报告	检测单位	参见表4-18
6	砌筑砂浆试块强度统计、评定记录	施工单位	参见表C.6.5
7	混凝土配合比申请单	施工单位	参见表4-19
8	混凝土配合比通知单	施工单位	参见表4-20
9	混凝土抗压强度试验报告	检测单位	参见表4-21
10	混凝土试块强度统计、评定记录	施工单位	参见表C.6.6
11	混凝土抗渗试验报告	检测单位	参见表5-8
12	砂、石、水泥放射性指标报告	施工单位	
13	混凝土碱总量计算书	施工单位	
14	超声波探伤报告	检测单位	参见表5-9
15	超声波探伤记录	检测单位	参见表5-10
16	钢构件射线探伤报告	检测单位	参见表5-11
17	磁粉探伤报告	检测单位	
18	高强度螺栓抗滑移系数检测报告	检测单位	
19	钢结构焊接工艺评定	检测单位	
20	网架节点承载力试验报告	检测单位	
21	木结构胶缝试验报告	检测单位	
22	木结构构件力学性能试验报告	检测单位	
23	木结构防护剂试验报告	检测单位	
24	结构实体混凝土强度检验记录	施工单位	参见表C.6.7
25	结构实体钢筋保护层厚度检验记录	施工单位	参见表C.6.8
五	隐蔽工程验收记录		
1	砌体组砌方法、配筋砌体隐蔽工程验收记录	施工单位	参见表C.5.1
2	变形缝构造隐蔽工程验收记录	施工单位	参见表C.5.1
3	梁、板、柱钢筋隐蔽工程验收记录	施工单位	参见表C.5.1
4	预埋件数量和位置、牢固情况隐蔽工程验收记录	施工单位	参见表C.5.1
5	焊接检查隐蔽工程验收记录	施工单位	参见表C.5.1
6	墙体拉结筋数量、长度和位置隐蔽工程验收记录	施工单位	参见表C.5.1

续表

序号		施工文件	提供单位	备注
六		施工记录		
1		混凝土浇筑申请书	施工单位	参见表4-26
2		预拌混凝土运输单(正本)	施工单位	参见表4-27
3		预拌混凝土运输单(副本)	施工单位	参见表4-28
4		混凝土开盘鉴定表	施工单位	参见表4-29
5		混凝土拆模申请单	施工单位	参见表4-30
6		混凝土预拌测温记录	施工单位	参见表5-12
7		混凝土养护测温记录	施工单位	参见表5-13
8		大体积混凝土养护测温记录	施工单位	参见表5-14
9		大型构件吊装记录	施工单位	参见表5-15
10		焊接材料烘焙记录	施工单位	参见表5-16
11		通风(烟)道、垃圾道检查记录	施工单位	参见表C.5.9
12		预应力筋张拉记录(一)	施工单位	参见表5-17
13		预应力筋张拉记录(二)	施工单位	参见表5-18
14		有粘结预应力结构灌浆记录	施工单位	参见表5-19
15		预应力筋封锚记录	施工单位	参见表5-20
16		钢结构焊缝外观检查记录	施工单位	参见表5-21
17		钢结构焊缝尺寸检查记录	施工单位	参见表5-22
18		大六角头高强度螺栓施工检查记录	施工单位	
19		扭剪型高强度螺栓施工检查记录	施工单位	
20		钢结构零件热加工施工记录	施工单位	参见表5-23
21		钢结构零件边缘加工施工记录	施工单位	参见表5-24
22		钢结构防腐涂料涂层厚度检查记录	施工单位	参见表5-25
23		钢结构防火涂料涂层厚度检查记录	施工单位	参见表5-26
七		预制构件、预拌混凝土合格证		
1		混凝土预制构件出厂合格证	供应单位	参见表4-31
2		预拌混凝土出厂合格证	供应单位	参见表4-32
八		主体结构分项、分部工程质量验收记录		
1		砌体工程		
	(1)	砖砌体工程检验批质量验收记录表	施工单位	参见表5-27
	(2)	混凝土小型空心砌块砌体工程检验批质量验收记录表	施工单位	参见表5-28
	(3)	石砌体工程检验批质量验收记录表	施工单位	参见表5-29
	(4)	填充墙砌体工程检验批质量验收记录表	施工单位	参见表5-30
	(5)	配筋砌体工程检验批质量验收记录表	施工单位	参见表5-31
2		混凝土结构工程		
	(1)	模板安装工程检验批质量验收记录表(Ⅰ)	施工单位	

续表

序号	施工文件	提供单位	备注
(2)	预制构件模板工程检验批质量验收记录表（Ⅱ）	施工单位	
(3)	模板拆除工程检验批质量验收记录表（Ⅲ）	施工单位	
(4)	钢筋加工工程检验批质量验收记录表（Ⅰ）	施工单位	
(5)	钢筋安装工程检验批质量验收记录表（Ⅱ）	施工单位	
(6)	混凝土原材料及配合比设计检验批质量验收记录表（Ⅰ）	施工单位	
(7)	混凝土施工检验批质量验收记录表（Ⅱ）	施工单位	
(8)	预应力筋原材料检验批质量验收记录表（Ⅰ）	施工单位	
(9)	预应力筋制作与安装检验批质量验收记录表（Ⅱ）	施工单位	
(10)	预应力张拉、放张、灌浆及封锚检验批质量验收记录表（Ⅲ）	施工单位	
(11)	现浇结构外观及尺寸偏差检验批质量验收记录表（Ⅰ）	施工单位	
(12)	混凝土设备基础外观及尺寸偏差检验批质量验收记录表（Ⅱ）	施工单位	
(13)	预制构件检验批质量验收记录表（Ⅰ）	施工单位	
(14)	装配式结构施工检验批质量验收记录表（Ⅱ）	施工单位	
3	钢结构工程		
(1)	钢结构制作（安装）焊接工程检验批质量验收记录表（Ⅰ）	施工单位	
(2)	焊钉（栓钉）焊接工程检验批质量验收记录表（Ⅱ）	施工单位	
(3)	普通紧固件连接工程检验批质量验收记录表（Ⅰ）	施工单位	
(4)	高强度螺栓连接工程检验批质量验收记录表（Ⅱ）	施工单位	
(5)	钢零件、部件加工工程检验批质量验收记录表（Ⅰ）	施工单位	
(6)	钢网架制作工程检验批质量验收记录表（Ⅱ）	施工单位	
(7)	单层钢构件安装工程检验批质量验收记录表	施工单位	
(8)	多层及高层钢构件安装工程检验批质量验收记录表	施工单位	
(9)	钢构件组装工程检验批质量验收记录表	施工单位	
(10)	钢构件预拼装工程检验批质量验收记录表	施工单位	
(11)	钢网架安装工程检验批质量验收记录表	施工单位	
(12)	压型金属板工程检验批质量验收记录表	施工单位	
(13)	防腐涂料涂装工程检验批质量验收记录表	施工单位	
(14)	防火涂料涂装工程检验批质量验收记录表	施工单位	
4	木结构工程		
(1)	方木与原木结构工程检验批质量验收记录表	施工单位	参见表5-32
(2)	胶合木结构工程检验批质量验收记录表	施工单位	参见表5-33
(3)	轻型木结构工程检验批质量验收记录表	施工单位	参见表5-34

续表

序号	施工文件	提供单位	备注
(4)	木结构防腐、防虫、防火工程检验批质量验收记录表	施工单位	参见表 5-35
九	工程质量事故及事故调查处理资料	调查单位	

实训内容及要求

(一)工程定位测量、放线记录

1. 楼层平面放线记录

楼层平面放线是指每个施工部位完成到一个水平面时,如底板、顶板要在这个平面板(顶板)上投测向上一层的平面位置线。楼层平面放线内容包括轴线竖向投测控制线、各层墙柱轴线、墙柱边线、门窗洞口位置线、垂直度偏差等。施工单位应在完成楼层平面放线后,填写楼层平面放线记录并报监理单位审核。"楼层平面放线记录"详见表 5-3,填写提示如下:

(1)"放线部位"栏注明楼层(分层、分轴线或施工流水段)。若建筑面积小,没有划分施工流水段,就按轴线填写。

(2)"放线内容"栏包括轴线竖向投测控制线、各层墙柱轴线、墙柱边线、门窗洞口位置线、垂直度偏差等。

(3)"放线依据"栏应填写:
1)定位控制桩;
2)测绘院 BM1、BM2;
3)地下/地上××层平面(图号××)。

(4)"放线简图"栏,若是平面放线,要标注轴线尺寸、放线尺寸;若是外墙、门窗洞口放线要画剖面简图,注明放线的标高尺寸。

(5)"检查意见"栏应由监理人员填写,要表达清楚,不得用"符合要求"一词代替检查意见。

(6)"签字栏"中的"专业技术负责人"为项目总工;"施测人"为施测单位主管;"专业质检员"为现场质检员。

表 5-3 楼层平面放线记录

编号:_____

工程名称		日期	
放线部位		放线内容	

放线依据:

续表

工程名称			日期		
放线简图(单位:mm):					
检查意见:					
签字栏	建设(监理)单位	施工单位			
		专业技术负责人	专业质检员		施测人

2. 楼层标高抄测记录

楼层标高抄测内容包括楼层+0.5 m(或+1.0 m)水平控制线、皮数杆等,施工单位应在完成楼层标高抄测记录后,填写楼层标高抄测记录,报监理单位审核。楼层标高抄测记录详见表5-4,填写提示如下:

(1)"抄测部位"栏应根据施工组织设计分层、分轴线或施工流水段填写明确。

(2)"抄测内容"栏写明是+0.5 m线还是+1.0 m线标高、标志点位置、测量工具等,涉及数据的应注明具体数据。

(3)"抄测依据"栏要填写测绘院给出的高程点、施工图等。

(4)"检查说明"栏应画简图予以说明,标明所在楼层建筑+0.5 m(或+1.0 m)水平控制线标志点位置、相对标高、重要控制轴线、指北针方向、分楼层段的具体图名等。

(5)"检查意见"栏由监理人员签署,要将检查意见表达清楚,不得用"符合要求"一词代替检查意见。

(6)"签字栏"中专业技术负责人为项目总工;施测人为具体操作人员;专业质检员为现场质检员。

(7)"施工单位"栏按"谁施工填谁"这一原则执行。

表 5-4　楼层标高抄测记录

编号：_____

工程名称			日期	
抄测部位			抄测内容	

抄测依据：

检查说明：

检查意见：

签字栏	建设(监理)单位	施工单位		
		专业技术负责人	专业质检员	施测人

3. 建筑物垂直度、标高观测记录

施工单位应在结构工程完成和工程完成竣工时，对建筑物进行垂直度测量记录和标高全高进行实测并记录，填写"建筑物垂直度、标高观测记录"报监理单位审核，详见表C.5.5。超过允许偏差且影响结构性能的部位，应由施工单位提出技术处理方案，并经建设（监理）单位认可后进行处理。建筑物垂直度、标高测量记录填写提示如下：

(1)"专业技术负责人"栏内填写项目总工。
(2)"专业质检员"栏内填写现场质量检查员。
(3)"施测人"栏内填写具体测量人员。

表 C.5.5　建筑物垂直度、标高观测记录

编号：_____

工程名称			
施工阶段		观测日期	

观测说明(附观测示意图)：

垂直度测量(全高)		标高测量(全高)	
观测部位	实测偏差/mm	观测部位	实测偏差/mm

结论：

签字栏	建设(监理)单位	施工单位		
		专业技术负责人	专业质检员	施测人

(二)原材料出厂合格证及进场检(试)验报告

1. 半成品钢筋出厂合格证

钢筋采用场外委托加工形式时，加工单位应保存钢筋的原材料出厂质量证明、复试报告、接头连接试验报告等资料，并保证资料的可追溯性；加工单位必须向施工单位提供半成品钢筋出厂合格证，详见表5-5，半成品钢筋进场后施工单位还应进行外观质量检查，如对质量产生怀疑或有其他约定时，可进行力学性能和工艺性能的抽样复试。

表 5-5　半成品钢筋出厂合格证

编号：_____

工程名称					合格证编号				
委托单位					钢筋种类				
供应总量				加工日期			供货日期		
序号	级别规格	供应数量/t	进货日期	生产厂家		原材报告编号	复试报告编号		使用部位
备注：									
供应单位技术负责人			填表人			供应单位名称 （盖章）			
填表日期									

2. 钢构件出厂合格证

钢构件出厂合格证详见表 5-6，填写提示如下：

(1) 钢构件出厂合格证应包括以下主要内容：工程名称、委托单位、钢材原材报告及复试报告编号、焊条或焊丝型号、焊药型号、供应总量、加工及出厂日期、构件名称及编号、构件数量、防腐状况、使用部位、技术负责人(签字)、填表人(签字)及单位盖章等内容。

(2) 钢构件出厂时，其质量必须合格，符合《钢结构工程施工质量验收规范》(GB 50205—2001)中的有关规定，并应提交以下资料：

1)钢构件出厂合格证。
2)施工图和设计变更文件,设计变更的内容应在施工图中相应部位加以注明。
3)制作中对技术问题处理的协议文件。
4)钢材、连接材料和涂装材料的质量证明书或试验报告。
5)焊接工艺评定报告。
6)有预拼要求时,钢构件验收应具备预拼装记录。
7)构件发运和包装清单。
(3)合格证要填写齐全,不得漏填或错填;做到数据真实、结论正确、符合标准要求。

表 5-6 钢构件出厂合格证

编号:_____

工程名称							
委托单位			焊药型号		/		
钢材材质		防腐状况			焊条或焊丝型号		
供应总量		加工日期			出厂日期		
序号	构件名称及编号	构件数量	构件单重/kg	原材报告编号	复试报告编号	使用部位
备注:						

供应单位技术负责人		填表人		供应单位名称(盖章)
填表日期				

3. 砖(砌块)试验报告

依据《砌体结构工程施工质量验收规范》(GB 50203—2011)的规定，**砖、砌块和砂浆的强度等级必须符合设计要求。** 抽检数量：每一生产厂家的砖到现场后，按烧结砖 15 万块、多孔砖 5 万块、灰砂砖及粉煤灰砖 10 万块各为一验收批，抽检数量为 1 组。砌块每一生产厂家，每 1 万块至少应抽检一组。用于多层以上建筑基础和底层的小砌块抽检数量不应少于 2 组。砖(砌块)试验报告参考采用表 5-7 的格式，砖(砌块)试验报告由检测单位在正式使用前提供，应一式四份，并应由建设单位、监理单位、施工单位、城建档案馆各保存一份。

表 5-7 砖(砌块)试验报告

编号：_____
试验编号：_____
委托编号：_____

工程名称					试样编号		
委托单位					试验委托人		
种类					生产厂		
强度等级			密度等级		代表数量/块		
试件处理日期			来样日期		试验日期		
试验结果	烧结普通砖						
	抗压强度平均值 f /MPa		变异系数 $\delta \leqslant 0.21$			变异系数 $\delta > 0.21$	
			强度标准值 f_k/MPa			单块最小强度值 f_k/MPa	
	轻集料混凝土小型空心砌块						
	砌块抗压强度/MPa				砌块干表观密度/(kg·m⁻³)		
	平均值		最小值				
	其他种类						
	抗压强度/MPa					抗折强度/MPa	
	平均值	最小值	大面		条面		平均值	最小值
			平均值	最小值	平均值	最小值		
结论：							
批准			审核		试验		
试验单位							
报告日期							
注：本表由试验单位提供，建设单位、施工单位、城建档案馆各保存一份。							

(三)施工试验报告及见证检测报告

1. 混凝土抗渗试验报告

潮湿环境、直接与水接触的混凝土工程和外部有供碱环境并处于潮湿环境的混凝土工程,应预防混凝土碱集料反应,并按有关规定进行检测,有相关检测报告,详见表5-8。

表5-8 混凝土抗渗试验报告

编号:_____
试验编号:_____
委托编号:_____

工程名称及施工部位			试件编号	
委托单位			委托试验人	
抗渗等级			配合比编号	
强度等级		养护条件	收样日期	
成型日期		龄期	试验日期	
试验情况:				
结论:				
批准		审核	试验	
试验单位				
报告日期				

2. 超声波探伤报告、探伤记录

设计要求的一、二级焊缝应做缺陷检验,由有相应资质等级检测单位出具超声波、射线探伤检测报告或磁粉探伤报告,详见表5-9～表5-11。建筑钢结构对接焊缝的超声波探伤,应按《承压设备无损检测 第3部分:超声检测》(NB/T 47013.3—2015)的有关规定执行。

(1)要求与母材等强度的焊缝,必须经超声波或X射线探伤试验。项目部技术负责人及有关人员根据钢结构工程的规模、形式,按照规范要求取样送检,必须合格后方能进入档案。

(2)焊工应持证上岗,证件的有效期为3年,如在有效期内停焊超过6个月,应重新考试,合格后方可继续从事焊接工作。

表 5-9　超声波探伤报告

编号：_____
试验编号：_____
委托编号：_____

工程名称及施工部位			
委托单位		试验委托人	
构件名称		检测部位	
材质		板厚/mm	
仪器型号		试块	
耦合剂		表面补偿	
表面状况		执行规范	
探头型号		探伤日期	
探伤结果及说明：			
批准		审核	试验
试验单位			
报告日期			

注：本表由建设单位、施工单位、城建档案馆各保存一份。

表 5-10　超声波探伤记录

编号：_____

工程名称									
施工单位					报告编号				
					检测单位				
焊缝编号（两侧）	板厚/mm	折射角/°	回波高度	X/mm	D/mm	Z/mm	L/mm	级别	评定结果	备注
批准		审核		检测		检测单位名称（公章）				
报告日期										

注：本表由建设单位、施工单位、城建档案馆各保存一份。

表 5-11　钢构件射线探伤报告

编　　号：_____
试验编号：_____
委托编号：_____

工程名称					
委托单位			试验委托人		
检测单位			检测部位		
构件名称			构件编号		
材　　质		焊缝形式		板厚/mm	
仪器型号		增感方式		像质计型号	
胶片型号		像质指数		黑度	
评定标准		焊缝全长		探伤比例与长度	

探伤结果：

底片编号	黑度	灵敏度	主要缺陷	评级	示意图
					备注
批准		审核		试验	
试验单位					
报告日期					

3. 结构实体混凝土强度检验记录

《混凝土结构工程施工质量验收规范》(GB 50204—2015)规定，结构实体检验用同条件养护试件强度检验，同条件养护试件的留置方式和取样数量，应符合下列要求：

(1)同条件养护试件所对应的结构构件或结构部位，应由施工、监理等各方共同选定，且同条件养护试件的取样宜均匀分布于工程施工周期内；

(2)同条件养护试件应在混凝土浇筑入模处见证取样；

(3)同条件养护试件应留置在靠近相应结构构件的适当位置，并应采取相同的养护方法；

(4)同一强度等级的同条件养护试件不宜少于 10 组，且不应少于 3 组。每连续两层楼取样不应少于 1 组；每 2 000 m³ 取样不得少于一组。

每组同条件养护试件的强度值应根据强度试验结果按《普通混凝土力学性能试验方法标准》(GB/T 50081—2002)的规定确定。

对同一强度等级的同条件养护试件,其强度值应除以 0.88 后按《混凝土强度检验评定标准》(GB/T 50107—2010)的有关规定进行评定,评定结果符合要求时可判结构实体混凝土强度合格。

施工单位填写的"结构实体混凝土强度检验记录"应一式四份,建设单位、监理单位、施工单位、城建档案馆各保存一份。"结构实体混凝土强度检验记录"宜采用表 C.6.7 的格式。

表 C.6.7　　结构实体混凝土强度检验记录

工程名称							编　号		
							结构类型		
施工单位							验收日期		
强度等级	试件强度代表值/MPa						强度评定结果	监理/建设单位验收结果	
结论:									
签字栏	项目专业技术负责人						专业监理工程师 或建设单位项目专业技术负责人		

(四) 施工记录

1. 混凝土预拌、养护测温记录

混凝土冬期施工时,应做预拌和养护的测温记录,见表 5-12～表 5-14。**混凝土冬期施工预拌测温记录应包括大气温度、原材料温度、出罐温度、入模温度等;混凝土冬期养护测温应先绘制测温点布置图,包括测温点的部位、深度等。测温记录应包括大气温度、各测温孔的实测温度、同一时间测得的各测温孔的平均温度和间隔时间等。**

"混凝土预拌测温记录"的"备注"栏内应填写"现场搅拌"或"商品混凝土"。

混凝土养护测温次数要求

表 5-12 混凝土预拌测温记录

工程名称										
混凝土强度等级					坍落度					
水泥品种及强度等级					搅拌方式					
测温时间				大气温度/℃	原材料温度/℃				出罐温度/℃	入模温度/℃	备注
年	月	日	时		水泥	砂	石	水			
施工单位											
专业技术负责人				专业质检员					记录人		

注：本表由施工单位填写并保存。

表 5-13　混凝土养护测温记录

编号：_____

工程名称																
部位					养护方法						测温方式					
测温时间			大气温度/℃	各测孔温度/℃										平均温度/℃	间隔时间/h	成熟度	
月	日	时		1	2	3	4	5	6	7	8	9	10			本次	累计

施工单位		
专业技术负责人	专业工长	测温员

注：本表由施工单位填写并保存。

表 5-14 大体积混凝土养护测温记录

编号：_____

工程名称						施工单位				
测温部位			/轴			测温方式			养护方法	
测温时间			大气温度/℃	入模温度/℃	孔号	各测温孔温度/℃	$t_{中}-t_{上}$ /℃	$t_{中}-t_{下}$ /℃	$t_{气}-t_{上}$ /℃	内外最大温差记录/℃	裂缝宽度/mm
月	日	时									
						上					
						中		4	−3.5		
						下					
						上					
						中		9	−2		
						下					
						上					
						中		5	−1		
						下					
						上					
						中		7	0		
						下					
						上					
						中					
						下					
						上					
						中					
						下					
						上					
						中					
						下					
						上					
						中					
						下					

审核意见：

施工单位			
专业技术负责人		专业工长	测温员

注：本表由施工单位填写并保存。

2. 大型构件吊装记录

"大型构件吊装记录"适用于大型预制混凝土构件、钢构件、木构件的安装。 吊装记录内容包括构件名称及编号、安装位置、搁置与搭接尺寸、接头（点）处理、固定方法、标高检查等。有关构件吊装规定、允许偏差和检验方法见相关标准、规范。表中各项均应填写清楚、齐全、准确，并附吊装图。详见表 5-15。

表 5-15 大型构件吊装记录

编号：_____

工程名称							
使用部位					吊装日期	年 月 日	
序号	构件名称及编号	安装位置	安装检查				备注
			搁置与搭接尺寸	接头（点）处理	固定方法	标高检查	
结论：							
施工单位							
专业技术负责人		专业质检员			记录人		

注："备注"栏内应填写吊装过程中出现的问题、处理措施及质量情况等。对于重要部位或大型构件的吊装工程，应有专项安全技术交底。

3. 焊接材料烘焙记录

依据《钢结构工程施工质量验收规范》(GB 50205—2001)的规定，焊条、焊丝、焊剂、电渣焊熔嘴等焊接材料与母材的匹配应符合设计要求及国家现行标准《钢结构焊接规范》(GB 50661—2011)的规定。焊条、焊剂、药芯焊丝、熔嘴等在使用前，应按其产品说明书及焊接工艺文件的规定进行烘焙和存放。

检查数量：全数检查。

检验方法：检查质量证明书和烘焙记录。

焊接材料对钢结构焊接工程的质量有重大影响。其选用必须符合设计文件和国家现行标准的要求。对于进场时经验收合格的焊接材料，产品的生产日期、保存状态、使用烘焙等，也直接影响焊接质量。

焊接材料烘焙记录详见表 5-16。

表 5-16 焊接材料烘焙记录

编号：_____

工程名称									
焊材牌号		规格/mm			焊材厂家				
钢材材质		烘焙方法			烘焙日期				
序号	施焊部位	烘焙数量/kg	烘焙要求				保温要求		备注
			烘干温度/℃	烘干时间/h	实际烘焙		降至恒温/℃	保温时间/h	
					烘焙日期	从时分至时分			
说明：									
施工单位									
专业技术负责人		专业质检员					记录人		

4. 通风(烟)道、垃圾道检查记录

填写"通风(烟)道、垃圾道检查记录"时应注意：建筑通风道(烟道)应全数做通(抽)风、串风试验，并做检查记录。垃圾道应全数检查畅通情况，并做检查记录。主风(烟)道可先检查，检查部位按轴线记录；副风(烟)道可按门户编号记录。由施工单位填写的"通风道(烟)道、垃圾道检查记录"应一式三份，并应由建设单位、监理单位、施工单位各保存一份。通风(烟)道、垃圾道检查记录宜采用表C.5.9的格式。

表 C.5.9 通风(烟)道、垃圾道检查记录

编号：_____

工程名称					检查日期		
检查部位	检查部位和检查结果				检查人	复检人
	主烟(风)道		副烟(风)道		垃圾道		
	烟道	风道	烟道	风道			
施工单位							
专业技术负责人		专业质检员			专业工长		

注：(1)垃圾道应全数检查是否畅通。
(2)检查合格记(√)，不合格记(×)。
(3)第一次检查不合格记(×)，复查合格后在(×)后面记(√)。

5. 预应力筋张拉记录

"预应力筋张拉记录(一)"包括预应力施工部位、预应力筋规格及抗拉强度、预应力张拉程序及平面示意图、预应力筋计算伸长值、伸长值范围等,详见表 5-17。

"预应力筋张拉记录(二)"对每根预应力筋的张拉实测值进行记录,详见表 5-18。

表 5-17 预应力筋张拉记录(一)

编号:_____

工程名称		张拉日期	
施工部位		预应力筋规格及抗拉强度	
预应力张拉程序及平面示意图: □有 □无附页			
张拉端锚具类型		固定端锚具类型	
设计控制应力/kN		实际张拉力/kN	
千斤顶编号		压力表编号	
混凝土设计强度		张拉时混凝土实际强度/MPa	
预应力筋计算伸长值:			
预应力筋伸长值范围:			
施工单位			
专业技术负责人	专业质检员		记录人

表 5-18　预应力筋张拉记录(二)

编号：_____

工程名称							张拉日期		
施工部位									
张拉顺序编号	计算值	预应力筋张拉伸长实测值/cm						总伸长	备注
		一端张拉			另一端张拉				
		原长 L_1	实长 L_2	伸长 ΔL	原长 L'_1	实长 L'_2	伸长 $\Delta L'$		
□有　□无见证		见证单位					见证人		
施工单位									
专业技术负责人			专业质检员				记录人		

6. 有粘结预应力结构灌浆记录

后张法有粘结预应力筋张拉后应及时灌浆，并做灌浆记录，详见表 5-19、表 5-20，记录内容包括灌浆孔状况、水泥浆配比状况、灌浆压力、灌浆量，并有灌浆点见图与编号等。

依据《混凝土结构工程施工质量验收规范》(GB 50204—2015)的规定：

(1)预留孔道灌浆后，孔道内水泥浆应饱满、密实。

(2)现场搅拌的灌浆用水泥浆的性能应符合下列规定：

1) 3 h 自由泌水率宜为 0 且不应大于 1%，泌水应在 24 h 内全部被水泥浆吸收；

2) 水泥浆中氯离子含量不应超过水泥重量的 0.06%；

3) 当采用普通灌浆工艺时，24 h 自由膨胀率不应大于 6%；当采用真空灌浆工艺时，24 h 自由膨胀率不应大于 3%。

(3)现场留置的孔道灌浆料试件的抗压强度不应低于 30 MPa。

(4)锚具的封闭保护措施应符合设计要求。当设计无要求时，外露锚具和预应力筋的混凝土保护层厚度不应小于：一类环境时 20 mm，二 a、二 b 类环境时 50 mm，三 a、三 b 类环境时 80 mm。

（5）后张法预应力筋锚固后的锚具外的外露长度不应小于预应力筋直径的 1.5 倍，且不应小于 30 mm。

表 5-19　有粘结预应力结构灌浆记录

编号：_____

工程名称			灌浆日期	
施工部位				
灌浆配合比			灌浆要求压力值	
水泥品种及强度等级		进厂日期	复试报告编号	
灌浆点简图与编号：				

灌浆点编号	灌浆压力值/MPa	灌浆量/L	灌浆点编号	灌浆压力值/MPa	灌浆量/L

备注：

施工单位		
专业技术负责人	专业质检员	记录人

表 5-20　预应力筋封锚记录

工程名称		记录日期	
施工单位		结构部位	

封锚处理简图及说明	
结论	

签字栏	建设(监理)单位	施工单位			
		专业技术负责人	专业质检员	专业工长	记录人

7. 钢结构施工记录

钢结构工程施工记录由多项内容组成，具体形式见表 5-21～表 5-26。

表 5-21 钢结构焊缝外观检查记录

编号：_____

工程名称		构件名称、编号		施工单位	

序号	焊接日期	焊缝编号	焊工代号	焊缝长度/mm	裂纹		焊瘤	气孔		夹渣		电弧擦伤	接头不良		未焊满和根部收缩		咬 边	
					长度	数量		直径	数量	深度	长度		深度	数量	深度	长度	连续长度	两侧总长度

检查结论	

签字栏	监理(建设)单位	施工单位		
		项目技术负责人	施工员	记录人
	年 月 日	年 月 日	年 月 日	年 月 日

表5-22　钢结构焊缝尺寸检查记录

编号：_____

工程名称				构件名称、编号			施工单位		
序号	焊缝编号	焊工代号	焊缝等级	焊缝焊脚尺寸			焊缝余高和错边		
				一般全焊缝的角接与对接组合焊缝	需经疲劳验算的全焊透角接与对接组合焊缝	角焊缝及部分焊透的角接与对接组合焊缝	对接焊接余高	对接焊缝错边	角焊缝余高
检查结论									
签字栏	监理(建设)单位		施工单位						
			项目技术负责人		施工员		记录人		
	年　月　日		年　月　日		年　月　日		年　月　日		

表 5-23 钢结构零件热加工施工记录

编号：_____

工程名称				分部工程名称				
建设单位				分项工程名称				
热加工性质				热加工日期				

序号	零件名称	零件编号	规格尺寸	使用部位	材质	加工温度/℃		结束加工温度/℃	
						要求	实际	要求	实际

施工单位			
专业技术负责人	质检员	施工员	记录人

表 5-24 钢结构零件边缘加工施工记录

编号：_____

工程名称						分部工程名称			
建设单位						分项工程名称			
加工性质						加工日期			
序号	零件名称	零件编号	规格尺寸	使用部位		材质		边缘刨削量/mm	
								要求	实际

施工单位					
专业技术负责人		质检员		施工员	记录人

表 5-25 钢结构防腐涂料涂层厚度检查记录

编号：_____

工程名称		检查部位	
涂料名称		涂装遍数	
设计厚度		检查日期	
执行标准			

序号	构件名称/编号	涂层检测处厚度检测值/mm	平均值

检查结论：

签字栏	建设(监理)单位	施工单位		
	专业负责人： 年 月 日	专业技术负责人 年 月 日	专业质检员 年 月 日	专业工长 年 月 日

注：本表由施工单位填写。

表 5-26 钢结构防火涂料涂层厚度检查记录

编号：_____

工程名称			检查部位		
涂料名称			涂装遍数		
耐火等级		设计厚度		检查日期	
执行标准					

序号	构件名称/编号	检测值/mm							平均值

检查结论：

签字栏	建设(监理)单位	施工单位		
		专业技术负责人	专业质检员	专业工长
	专业负责人： 年 月 日	年 月 日	年 月 日	年 月 日

注：本表由施工单位填写。

(五)分项、分部工程质量验收记录

主体结构工程分项、分部工程质量验收记录主要由砌体工程、混凝土工程、钢结构工程和木结构工程四部分组成。由于篇幅有限，依据《砌体结构工程施工质量验收规范》(GB 50203—2011)和《木结构工程施工质量验收规范》(GB 50206—2012)，本书只列举有关砌体结构工程和木结构工程的质量验收记录，详见表5-27～表5-35。

表 5-27 砖砌体工程检验批质量验收记录表
GB 50203—2011

020301□□

工程名称			分项工程名称			验收部位	
施工单位				专业工长		项目经理	
施工执行标准名称及编号							
分包单位			分包项目经理			施工班组长	

		施工质量验收规范的规定		施工单位检查评定记录	监理(建设)单位验收记录
主控项目	1	砖强度等级 MU	设计要求		
	2	砂浆强度等级 M	设计要求		
	3	砖墙水平灰缝砂浆饱满度	≥80%		
	4	斜槎留置	第 5.2.3 条		
	5	直槎拉结筋及接槎处理	第 5.2.4 条		
一般项目	1	组砌方法	第 5.3.1 条		
	2	水平灰缝厚度	8~12 mm		
	3	顶(楼)面标高	±15 mm		
	4	表面平整度	≤5 mm(清水)		
			≤8 mm(混水)		
	5	门窗洞口高、宽(后塞口)	±10 mm 以内		
	6	窗口偏移	≤20 mm		
	7	水平灰缝平直度	≤7 mm(清水)		
			≤10 mm(混水)		
	8	轴线位移	≤10 mm		

施工单位检查评定结果	项目专业质量检查员：　　　　项目专业质量(技术)负责人： 年　月　日
监理(建设)单位验收结论	 监理工程师(建设单位项目工程师)： 年　月　日

表 5-28　混凝土小型空心砌块砌体工程检验批质量验收记录表

GB 50203—2011

020302□□

工程名称			分项工程名称			验收部位	
施工单位			专业工长			项目经理	
施工执行标准名称及编号							
分包单位			分包项目经理			施工班组长	

		施工质量验收规范的规定		施工单位检查评定纪录								监理(建设)单位验收记录
主控项目	1	小砌块强度等级 MU	设计要求									
	2	砂浆强度等级 M	设计要求									
	3	砌筑留槎	第6.2.3条									
	4	水平灰缝饱满度	≥90%									
	5	竖向灰缝饱满度	≥90%									
	6	芯柱设置	第6.2.4条									
一般项目	1	水平灰缝厚度、竖向灰缝宽度	8～12 mm									
	2	顶面标高	±15 mm									
	3	表面平整度	≤5 mm(清水)									
			≤8 mm(混水)									
	4	门窗洞口高、宽	±10 mm 以内									
	5	窗口偏移	≤20 mm									
	6	水平灰缝平直度	≤7 mm(清水)									
			≤10 mm(混水)									

施工单位检查评定结果	项目专业质量检查员：　　　　项目专业质量(技术)负责人： 年　月　日
监理(建设)单位验收结论	 监理工程师(建设单位项目工程师)： 年　月　日

表 5-29 石砌体工程检验批质量验收记录表
GB 50203—2011

020303□□

工程名称			分项工程名称				验收部位	基础
施工单位				专业工长			项目经理	
施工执行标准名称及编号								
分包单位			分包项目经理				施工班组长	
		施工质量验收规范的规定			施工单位检查评定记录			监理(建设)单位验收记录
主控项目	1	石材强度等级 MU	设计要求					
	2	砂浆强度等级 M	设计要求					
	3	砂浆饱满度	≥80%					
一般项目	1	轴线位移	第 7.3.1 条					
	2	砌体顶面标高	第 7.3.1 条					
	3	砌体厚度	第 7.3.1 条					
	4	垂直度(每层)	第 7.3.1 条					
	5	表面平整度	第 7.3.1 条					
	6	灰缝平直度	第 7.3.1 条					
	7	组砌形式	第 7.3.2 条					
施工单位检查评定结果	项目专业质量检查员:　　　　　项目专业质量(技术)负责人: 年　月　日							
监理(建设)单位验收结论	 监理工程师(建设单位项目工程师): 年　月　日							

表 5-30 填充墙砌体工程检验批质量验收记录表
GB 50203—2011

020304□□

工程名称				分项工程名称			验收部位	
施工单位					专业工长		项目经理	
施工执行标准名称及编号								
分包单位					分包项目经理		施工班组长	
施工质量验收规范的规定					施工单位检查评定记录			监理(建设)单位验收记录
主控项目	1	块材强度等级 MU		设计要求				
	2	砂浆强度等级 M		设计要求				
	3	与主体结构连接		第9.2.2条				
	4	植筋实体检测		第9.2.3条	见填充墙砌体植筋锚固力检测记录			
一般项目	1	拉结钢筋、网片位置		第9.3.3条				
	2	搭砌长度		第9.3.4条				
	3	灰缝厚度、宽度		第9.3.5条				
	4	水平灰缝砂浆饱满度		第9.3.2条				
	5	轴线位移		≤10 mm				
	6	墙面垂直度(每层)	≤3 m	≤5 mm				
			>3 m	≤10 mm				
	7	表面平整度		≤8 mm				
	8	门窗洞口		±10 mm				
	9	下窗口偏移		≤20 mm				

施工单位检查评定结果	项目专业质量检查员：　　　　　项目专业质量(技术)负责人： 年 月 日
监理(建设)单位验收结论	 监理工程师(建设单位项目工程师)： 年 月 日

表 5-31　配筋砌体工程检验批质量验收记录表
GB 50203—2011

020305□□

工程名称			分项工程名称									验收部位	
施工单位					专业工长							项目经理	
施工执行标准名称及编号													
分包单位					分包项目经理							施工班组长	
施工质量验收规范的规定					施工单位检查评定记录							监理(建设)单位验收记录	
主控项目	1	钢筋品种、规格、数量和设置部位	第8.2.1条										
	2	混凝土强度等级	设计要求C 设计要求M										
	3	马牙槎尺寸、拉结筋	第8.2.3条										
	4	受力钢筋的连接、锚固搭接	第8.2.4条										
一般项目	1	构造柱中心线位置	≤10 mm										
	2	构造柱层间错位	≤8 mm										
	3	构造柱垂直度(每层)	每层≤10 mm										
	4	灰缝钢筋防腐	第8.3.2条										
	5	网状配筋规格	第8.3.3条										
	6	钢筋保护层厚度	第8.3.4条										
	7	凹槽中水平钢筋间距	第8.3.4条										
施工单位检查评定结果			项目专业质量检查员：　　　　　项目专业质量(技术)负责人： 年　月　日										
监理(建设)单位验收结论			监理工程师(建设单位项目工程师)： 年　月　日										

表5-32　方木与原木结构工程检验批质量验收记录表

GB 50206—2012

020501□□

工程名称			分项工程名称		验收部位	
施工单位			专业工长		项目经理	
施工执行标准名称及编号						
分包单位			分包项目经理		施工班组长	
施工质量验收规范的规定				施工单位检查评定纪录		监理(建设)单位验收纪录
主控项目	1	形式、结构布置和构件尺寸	第4.2.1条			
	2	结构用木材	第4.2.2条			
	3	木材静曲强度最低值	第4.2.3条			
	4	木材的材质等级	第4.2.4条			
	5	构件的含水率限值/%	第4.2.5条			
	6	承重钢构件和连接用钢材	第4.2.6条			
	7	焊接用焊条	第4.2.7条			
	8	连接用螺栓、螺帽	第4.2.8条			
	9	连接用圆钉	第4.2.9条			
	10	圆钢拉杆	第4.2.10条			
	11	节点焊缝焊脚高度	第4.2.11条			
	12	节点焊缝质量	第4.2.11条			
	13	连接件的规格、数量	第4.2.12条			
	14	木桁架支座节点的齿连接	第4.2.13条			
	15	抗震措施	第4.2.14条			
一般项目	1	原木、方木构件制作允许偏差/mm	第4.3.1条			
	2	齿连接	第4.3.2条			
	3	螺栓连接	第4.3.3条			
	4	钉连接	第4.3.4条			
	5	木构件受压接头位置	第4.3.5条			
	6	木桁架、梁及柱安装允许偏差/mm	第4.3.6条			
	7	屋面木构架安装允许偏差/mm	第4.3.7条			
	8	屋盖结构支撑系统完整性	第4.3.8条			
施工单位检查评定结果				项目专业质量检查员：　　　　　　　　　年　月　日		
监理(建设)单位验收结论				监理工程师(建设单位项目专业技术负责人)：　　　　　　　　　年　月　日		

表 5-33 胶合木结构工程检验批质量验收记录表
GB 50206—2012

020502□□

工程名称		分项工程名称		验收部位	
施工单位			专业工长	项目经理	
施工执行标准名称及编号					
分包单位		分包项目经理		施工班组长	
		施工质量验收规范的规定		施工单位检查评定记录	监理(建设)单位验收记录
主控项目	1	形式、结构布置和构件截面尺寸	设计要求		
	2	结构用层板胶合木	第5.2.2条		
	3	受弯木构件的挠度限值	第5.2.3条		
	4	弧形构件的曲率半径及其偏差	第5.2.4条		
	5	层板胶合木构件平均含水率	第5.2.5条		
	6	钢材、焊条、螺栓、螺帽质量	第5.2.6条		
	7	连接件类别、规格和数量	第5.2.7条		
一般项目	1	层板胶合木构造及外观	第5.3.1条		
	2	胶合木构件制作允许偏差	第5.3.2条		
	3	齿连接、螺栓连接、圆钢拉杆及焊缝质量	第5.3.3条		
	4	金属节点构造、用料规格及焊缝质量	第5.3.4条		
	5	胶合木结构安装允许偏差	第5.3.5条		
施工单位检查评定结果			项目专业质量检查员：		年 月 日
监理(建设)单位验收结论			监理工程师： (建设单位项目专业技术负责人)		年 月 日

表 5-34 轻型木结构工程检验批质量验收记录表
GB 50206—2012

020503□□

工程名称			分项工程名称		验收部位	
施工单位			专业工长		项目经理	
施工执行标准名称及编号						
分包单位			分包项目经理		施工班组长	
		施工质量验收规范的规定		施工单位检查评定记录		监理(建设)单位验收记录
主控项目	1	承重墙(包括剪力墙)、柱、楼盖、屋盖布置及抗倾覆措施	第6.2.1条			
	2	规格材质量	第6.2.2条			
	3	规格材等级检验	第6.2.3条			
	4	各类构件用规格材	第6.2.4条			
	5	规格材的平均含水率	第6.2.5条			
	6	木基结构板材	第6.2.6条			
	7	复合木材和工字形木搁栅	第6.2.7条			
	8	齿板桁架	第6.2.8条			
	9	钢材、焊条、螺栓和圆钉	第6.2.9条			
	10	金属连接件	第6.2.10条			
	11	金属连接件的规格、钉连接的用钉规格与数量	第6.2.11条			
	12	各类构件间的钉连接	第6.2.12条			
一般项目	1	承重墙各项	第6.3.1条			
	2	楼盖各项	第6.3.2条			
	3	齿板桁架	第6.3.3条			
	4	屋盖各项	第6.3.4条			
	5	构件制作与安装偏差	第6.3.5条			
	6	保温措施和隔汽层的设置	第6.3.6条			
施工单位检查评定结果				项目专业质量检查员：		年 月 日
监理(建设)单位验收结论				监理工程师： (建设单位项目专业技术负责人)		年 月 日

表 5-35 木结构防腐、防虫、防火工程检验批质量验收记录表
GB 50206—2012

020504□□

工程名称			分项工程名称			验收部位	
施工单位				专业工长		项目经理	
施工执行标准名称及编号							
分包单位			分包项目经理			施工班组长	
		施工质量验收规范的规定		施工单位检查评定记录			监理(建设)单位验收记录
主控项目	1	防护用防腐、防虫及防火和阻燃药剂	第7.2.1条				
	2	木构件透入度见证检验	第7.2.2条				
	3	木结构防腐构造措施	第7.2.3条				
	4	木构件防火阻燃处理	第7.2.4条				
	5	木构件用防火石膏板	第7.2.5条				
	6	炊事、采暖等所用烟道、烟囱制作	第7.2.6条				
	7	墙体、楼盖、屋盖空腔内用保温、隔热、吸声材料	第7.2.7条				
	8	电源线敷设	第7.2.8条				
	9	各类管道敷设	第7.2.9条				
	10	外露钢构件及未做镀锌处理的金属连接件的防锈蚀措施	第7.2.10条				
一般项目	1	木构件修补	第7.3.1条				
	2	紧固件贯入构件的深度	第7.3.2条				
	3	外墙防护构造措施	第7.3.3条				
	4	防火隔断设置	第7.3.4条				
	5	防火隔断用材料	第7.3.4条				
施工单位检查评定结果				项目专业质量检查员：			年 月 日
监理(建设)单位验收结论				监理工程师： (建设单位项目专业技术负责人)			年 月 日

职业技能实际训练

训练1 编制"楼层平面放线记录",见表 5-36。

表 5-36 楼层平面放线记录

编号: ×××

工程名称	××大学综合楼	日期	××年×月×日
放线部位	地下一层①~⑦/Ⓐ~Ⓙ轴顶板	放线内容	轴线竖向投测控制线,墙柱轴线、边线,门窗洞口位置线,垂直度偏差等

放线依据:

(1)施工图纸(图号××),设计变更/洽商记录(编号××)。
(2)本工程《施工测量方案》。
(3)地下二层已放好的控制桩点。

放线简图(单位:mm):

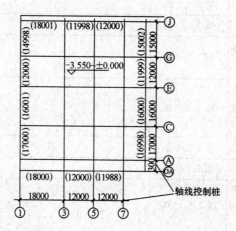

检查意见:

(1)①~⑦/Ⓐ~Ⓙ轴为地下一层外廓纵横轴线。
(2)括号内数据为复测数据(或结果)。
(3)各细部轴线间几何尺寸相对精度最大偏差为+2 mm,90°角中误差10″,精度合格。
(4)放线内容均已完成,位置准确,垂直度偏差在允许范围内,符合设计及测量方案要求,可以进行下道工序施工。

签字栏	建设(监理)单位	施工单位	××建筑工程公司	
		专业技术负责人	专业质检员	施测人
	×××	×××	×××	×××

训练 2 编制"建筑物垂直度、标高观测记录"见表 C.5.5。

表 C.5.5 建筑物垂直度、标高观测记录

编号：_____

工程名称	××大学综合楼		
施工阶段	结构工程	观测日期	××年×月×日

观测说明（附观测示意图）：

（图略）

垂直度测量（全高）		标高测量（全高）	
观测部位	实测偏差/mm	观测部位	实测偏差/mm
一层	东 3 mm、北 2 mm	一层	3
二层	东北向-2 mm	二层	-4
三层	东 2 mm、北 1 mm	三层	-3

结论：

工程垂直度、标高测量结果符合设计及规范规定。

签字栏	建设(监理)单位	施工单位	××建筑工程公司	
		专业技术负责人	专业质检员	施测人
	×××	×××	×××	×××

训练3 编制"有粘结预应力结构灌浆记录",见表5-37。

表5-37 有粘结预应力结构灌浆记录

编号:_____

工程名称	××工程		灌浆日期	××年×月×日
施工部位	三层①~⑧/Ⓐ~Ⓔ轴预应力框架梁			
灌浆配合比	0.36		灌浆要求压力值	0.3~0.5 MPa
水泥品种及强度等级	P·O 42.5	进厂日期	××年×月×日	复试报告编号	××-×××

灌浆点简图与编号:
1. 灌浆点简图

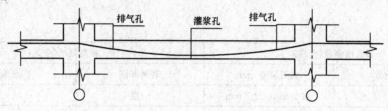

2. 灌浆点编号由梁号、预应力筋编号和每道梁中对应的孔道顺序号组成。

灌浆点编号	灌浆压力值/MPa	灌浆量/L	灌浆点编号	灌浆压力值/MPa	灌浆量/L
YKL-2-1①1	0.43	92.1	YKL-2-7④1	0.43	41.0
YKL-2-2①1	0.45	92.0	YKL-2-8④1	0.43	40.8
YKL-2-3②1	0.41	67.5	YKL-2-9⑫1	0.41	84.8
YKL-2-3①1	0.43	70.3			
YKL-2-4②1	0.45	67.3			
YKL-2-4③1	0.41	69.8			
YKL-2-5①1	0.43	92.3			
YKL-2-6④1	0.41	41.9			

备注:		
施工单位	××建筑工程公司	
专业技术负责人	专业质检员	记录人
×××	×××	×××

训练 4 编制"砖砌体工程检验批质量验收记录表",见表 5-38。

表 5-38 砖砌体工程检验批质量验收记录表
GB 50203—2011

020301□□

工程名称		××工程	分项工程名称		砖砌体工程		验收部位		×××	
施工单位		××建筑工程公司	专业工长		×××		项目经理		×××	
施工执行标准名称及编号		《砌体工程施工工艺标准》(QB×××—20××)								
分包单位		/	分包项目经理		/		施工班组长		×××	
施工质量验收规范的规定				施工单位检查评定记录					监理(建设)单位验收记录	
主控项目	1	砖强度等级 MU	设计要求	2 份试验报告 MU10					同意验收	
	2	砂浆强度等级 M	设计要求	符合要求 M7.5						
	3	砖墙水平灰缝砂浆饱满度	≥80%	90、92、87、93、85						
	4	斜槎留置	第 5.2.3 条	√						
	5	直槎拉结筋及接槎处理	第 5.2.4 条							
一般项目	1	组砌方法	第 5.3.1 条	√					同意验收	
	2	水平灰缝厚度	8~12 mm	8	10	8	8	12	9	
	3	顶(楼)面标高	±15 mm	+8	+6	−5	−10	−6		
	4	表面平整度	≤5 mm(清水)	4	4	6	5			
			≤8 mm(混水)							
	5	门窗洞口高、宽(后塞口)	±10 mm 以内	+8	−7	+5	+8	−7		
	6	外墙上下窗口偏移	20 mm	16	18	19	16	15		
	7	水平灰缝平直度	清水 7 mm	6	5	5	4	5	6	
			混水 10 mm							
	8	轴线位移	≤10 mm	7	9	10	8	11		
施工单位检查评定结果			项目专业质量检查员:×××　　　项目专业质量(技术)负责人:××× 主控项目全部合格,一般项目满足规范规定要求,检查评定结果为合格。　　　　　　　　　　　　　　　　　　　　　××年　×月　×日								
监理(建设)单位验收结论			同意验收。 监理工程师(建设单位项目工程师):×××　　　　　　　　　　　　　　　　　　　　　　　××年　×月　×日								

实训 6 建筑屋面分部工程资料

第一节 建筑屋面分部工程中分项工程、检验批的划分

《建筑工程资料管理规程》(JGJ/T 185—2009)对工程的建筑屋面分部工程进行了分项工程和检验批的划分,见表 6-1。

表 6-1 建筑屋面分项工程和检验批的划分

分部工程代号	分部工程名称	子分部工程代号	子分部工程名称	分项工程名称	备注
04	建筑屋面	01	卷材防水屋面	保温层,找平层,卷材防水层,细部构造	
		02	涂膜防水屋面	保温层,找平层,涂膜防水层,细部构造	
		03	刚性防水屋面	细石混凝土防水,密封材料嵌缝,细部构造	
		04	瓦屋面	平瓦屋面,油毡瓦屋面,金属板屋面,细部构造	
		05	隔热屋面	架空屋面,蓄水屋面,种植屋面	

第二节 建筑屋面分部工程资料填写

实训引言

建筑屋面分部工程资料主要包括施工管理资料、施工技术资料、进度造价资料、施工物资资料、施工记录、施工试验记录、施工质量验收记录和竣工验收资料等(表 6-2)。

表 6-2 建筑屋面分部工程主要通用资料

序号	施工文件	提供单位	备注
一	图纸会审、设计变更、洽商记录		
1	图纸会审记录	施工单位	参见表 C.2.4
2	设计变更通知单	施工单位	参见表 C.2.5
3	工程洽商记录(技术核定单)	施工单位	参见表 C.2.6
二	原材料出厂合格证及进场检(试)验报告		
1	材料、构配件进场检验记录	施工单位	参见表 C.4.1
2	钢材试验报告	检测单位	参见表 4-4
3	水泥试验报告	检测单位	参见表 4-5
4	砂试验报告	检测单位	参见表 4-6
5	碎(卵)石试验报告	检测单位	参见表 4-7
6	轻骨料试验报告	检测单位	参见表 4-8
7	混凝土掺合料试验报告	检测单位	参见表 4-9
8	混凝土外加剂试验报告	检测单位	参见表 4-10
9	防水涂料试验报告	检测单位	参见表 6-3
10	防水卷材试验报告	检测单位	参见表 6-4
11	密封材料产品合格证	供应单位	
12	平瓦及脊瓦的出厂合格证	供应单位	
13	金属板材的出厂合格证	供应单位	
14	金属板材紧固件、檩条的材质证明	供应单位	
15	材料代用核定文件	供应单位	
三	施工试验报告及见证检测报告		
1	见证取样和送检见证人备案书	监理单位	
2	砂浆抗压强度试验报告	检测单位	参见表 4-18
3	砌筑砂浆试块强度统计、评定记录	施工单位	参见表 C.6.5
四	隐蔽工程验收记录		
1	屋面保温层隐蔽工程验收记录	施工单位	参见表 C.5.1
2	屋面找平层隐蔽工程验收记录	施工单位	参见表 C.5.1
3	卷材防水屋面隐蔽工程验收记录	施工单位	参见表 C.5.1
五	施工记录		
1	砌筑砂浆配合比申请单	施工单位	参见表 4-16
2	砌筑砂浆配合比通知单	检测单位	参见表 4-17
3	大型构件吊装记录	施工单位	参见表 5-15
4	防水工程试水检查记录	施工单位	参见表 C.5.8
六	屋面分项、分部工程质量验收记录		
1	基层与保护工程		
(1)	找坡层和找平层检验批质量验收记录表	施工单位	

续表

序号	施工文件	提供单位	备注
(2)	隔汽层检验批质量验收记录表	施工单位	
(3)	隔离层检验批质量验收记录表	施工单位	
(4)	保护层检验批质量验收记录表	施工单位	参见表6-5
2	保温与隔热工程		
(1)	板状材料保温层检验批质量验收记录表	施工单位	
(2)	纤维材料保温层检验批质量验收记录表	施工单位	
(3)	喷涂硬泡沫聚氨酯保温层检验批质量验收记录表	施工单位	
(4)	现浇泡沫混凝土保温层检验批质量验收记录表	施工单位	
(5)	种植隔热层检验批质量验收记录表	施工单位	参见表6-6
(6)	架空隔热层检验批质量验收记录表	施工单位	
(7)	蓄水隔热层检验批质量验收记录表	施工单位	
3	防水与密封工程		
(1)	卷材防水层检验批质量验收记录表	施工单位	参见表6-7
(2)	涂膜防水层检验批质量验收记录表	施工单位	参见表6-8
(3)	复合防水层检验批质量验收记录表	施工单位	参见表6-9
(4)	接缝密封防水检验批质量验收记录表	施工单位	
4	瓦面与板面工程		
(1)	烧结瓦和混凝土瓦铺装检验批质量验收记录表	施工单位	
(2)	沥青瓦铺装检验批质量验收记录表	施工单位	
(3)	金属板铺装检验批质量验收记录表	施工单位	参见表6-10
(4)	玻璃采光顶铺装检验批质量验收记录表	施工单位	
5	细部构造工程		
(1)	檐口检验批质量验收记录表	施工单位	
(2)	檐沟和天沟检验批质量验收记录表	施工单位	
(3)	女儿墙和山墙检验批质量验收记录表	施工单位	
(4)	落水口检验批质量验收记录表	施工单位	
(5)	变形缝检验批质量验收记录表	施工单位	参见表6-11
(6)	伸出屋面管道检验批质量验收记录表	施工单位	
(7)	屋面出入口检验批质量验收记录表	施工单位	
(8)	反梁过水孔检验批质量验收记录表	施工单位	
(9)	设施基座检验批质量验收记录表	施工单位	
(10)	屋脊检验批质量验收记录表	施工单位	
(11)	屋顶窗检验批质量验收记录表	施工单位	
七	工程质量事故及事故调查处理资料	调查单位	

实训内容及要求

(一)原材料出厂合格证及进场检(试)验报告

1. 防水涂料试验报告

依据《地下防水工程质量验收规范》(GB 50208—2011)的规定,涂料防水层所用材料及配合比必须符合设计要求。防水材料进场时按批检查验收的内容包括由供应单位提供的产品合格证、性能检测报告和进场复试报告。合格证要求应注明出厂日期、检验部门印章、合格证的编号、品种、规格、数量、各项性能指标、包装、标识、重量、面积、产品外观、物理性能等。检测报告应有检测单位的计算合格参数,由检验(试验)、审核、负责人(技术)三级人员签字。

"防水涂料试验报告"由检测单位在正式使用前提供,应一式三份,并应由建设单位、监理单位、施工单位各保存一份。"防水涂料试验报告"参考采用表6-3的格式。

表6-3 防水涂料试验报告

编　　号:_____
试验编号:_____
委托编号:_____

工程名称及部位			试件编号	
委托单位			试验委托人	
种类、型号			生产厂家	
代表数量		来样日期	试验日期	
试验结果	一、延伸性			mm
	二、拉伸强度			MPa
	三、断裂伸长率			%
	四、粘结性			MPa
	五、耐热度	温度/℃	评定	
	六、不透水性			
	七、柔韧性(低温)	温度/℃	评定	
	八、固体含量	%		
	九、其他			
结论:				
	批准	审核	试验	
试验单位				
报告日期				
注:本表由试验单位提供,建设单位、施工单位各保存一份。				

2. 防水卷材试验报告

依据《地下防水工程质量验收规范》(GB 50208—2011)的规定，**卷材防水层所用材料及配合比必须符合设计要求**。卷材防水层应采用高聚物改性沥青防水卷材和合成高分子防水卷材。高聚物改性沥青防水卷材应符合《弹性体改性沥青防水卷材》(GB 18242—2008)《塑性体改性沥青防水卷材》(GB 18243—2008)和《改性沥青聚乙烯胎防水卷材》(GB 18967—2009)的要求。国内合成高分子防水卷材的种类很多，产品质量应符合《高分子防水材料 第1部分：片材》(GB 18173.1—2012)的要求。"防水卷材试验报告"由监测单位在正式使用前提供，应一式三份，并应由建设单位、监理单位、施工单位各保存一份。"防水卷材试验报告"参考采用表 6-4 的格式。

表 6-4 防水卷材试验报告

编　　号：＿＿＿＿＿＿
试验编号：＿＿＿＿＿＿
委托编号：＿＿＿＿＿＿

工程名称及部位			试件编号		
委托单位			试验委托人		
种类、等级、牌号			生产厂家		
代表数量		来样日期		试验日期	
试验结果	一、拉力试验	1. 拉力	纵		横
		2. 拉伸强度	纵		横
	二、断裂伸长率(延伸率)		纵		横
	三、耐热度	温度/℃		评定	
	四、不透水性				
	五、柔韧性(低温柔性、低温弯折性)	温度/℃		评定	
	六、其他				
结论：					
批准		审核		试验	
试验单位					
报告日期					

注：本表由试验单位提供，建设单位、施工单位各保存一份。

(二)防水工程试水检查记录

根据现行国家标准《建筑地面工程施工质量验收规范》(GB 50209—2010)的规定,地面工程中凡有防水要求的房间应有防水层及装修后的蓄水检查记录。检查内容包括蓄水方式、蓄水时间不少于 24 h、蓄水深度最浅水位不应低于 20 mm、水落口及边缘的封堵情况和有无渗漏现象等。

根据现行国家标准《屋面工程质量验收规范》(GB 50207—2012)的有关规定,屋面工程完工后,应对细部构造(屋面天沟、檐沟、檐口、泛水、水落口、变形缝、伸出屋面管道等)、接缝处和保护层进行雨期观察或淋水、蓄水检查。淋水试验持续时间不得少于 2 h;做蓄水检查的屋面,蓄水时间不得少于 24 h。

外墙、屋面淋水应进行持续 2 h 淋水试验。

防水工程试验检查记录应由施工单位填写,一式三份,并由建设单位、监理单位、施工单位各保存一份。防水工程试水检查记录宜采用表 C.5.8 的格式。

表 C.5.8 防水工程试水检查记录

编号:_____

工程名称				
检查部位			检查日期	
检查方式	□第一次蓄水 □第二次蓄水		蓄水日期	从____年__月__日__时 至____年__月__日__时
	□淋水 □雨期观察			
检查方法及内容:				
检查结论:				
复查结论: 复查人: 复查日期: 年 月 日				
签字栏	建设(监理)单位	施工单位		
		专业技术负责人	专业质检员	专业工长

注:本表由施工单位填写,建设单位、施工单位各保存一份。

(三)屋面分项、分部工程质量验收记录

屋面分部、分项工程施工资料是针对施工项目根据屋面分部工程的结构特点、施工部位、施工工艺、空间和时间的不同确定施工资料管理任务的范围和基本内容,同时也是施工资料收集工作能力培养的基本方法。详见表6-5~表6-11。

表6-5　保护层检验批质量验收记录表

GB 50207—2012　　　　040105□□

工程名称			分项工程名称		验收部位	
施工单位			专业工长		项目经理	
施工执行标准名称及编号						
分包单位			分包项目经理		施工班组长	
		施工质量验收规范的规定		施工单位检查评定记录		监理(建设)单位验收记录
主控项目	1	材料质量及配合比	设计要求			
	2	保护层强度等级	设计要求			
	3	保护层的排水坡度	设计要求			
一般项目	1	块体材料保护层表面	第4.5.9条			
	2	水泥砂浆、细石混凝土保护层	第4.5.10条			
	3	浅色涂料与防水层粘结	第4.5.11条			
	4	保温层厚度允许偏差　表面平整度	4 mm			
		缝格平直	3 mm			
		接缝高低差	1.5 mm			
		板块间隙宽度	2.0 mm			
		保护层厚度	设计厚度的10%,且≤5 mm			

施工单位检查评定结果	项目专业质量检查员: 　　　　　　　　　　　年　月　日
监理(建设)单位验收结论	监理工程师(建设单位项目专业技术负责人): 　　　　　　　　　　　年　月　日

表 6-6　种植隔热层检验批质量验收记录表
GB 50207—2012

040205□□

工程名称				分项工程名称			验收部位	
施工单位					专业工长		项目经理	
施工执行标准名称及编号								
分包单位				分包项目经理			施工班组长	
		施工质量验收规范的规定				施工单位检查评定记录	监理(建设)单位验收记录	
主控项目	1	材料质量		设计要求				
	2	排水层与排水系统连通		第5.6.7条				
	3	泄水孔留设		设计要求				
一般项目	1	陶粒铺设		设计要求				
	2	排水板铺设与接缝方法		第5.6.10条				
	3	过滤层土工布搭接宽度允许偏差		第5.6.11条				
	4	种植土厚度允许偏差		第5.6.12条				
施工单位检查评定结果				项目专业质量检查员：				年　月　日
监理(建设)单位验收结论				监理工程师(建设单位项目专业技术负责人)：				年　月　日

表 6-7 卷材防水层检验批质量验收记录表
GB 50207—2012

040301□□

工程名称		分项工程名称		验收部位	
施工单位			专业工长	项目经理	
施工执行标准名称及编号					
分包单位		分包项目经理		施工班组长	

		施工质量验收规范的规定		施工单位检查评定记录	监理(建设)单位验收记录
主控项目	1	材料质量	设计要求		
	2	卷材防水层不得有渗漏和积水现象	第 6.2.11 条		
	3	防水构造	设计要求		
一般项目	1	卷材的搭接缝	第 6.2.13 条		
	2	卷材防水层的收头与基层粘结	第 6.2.14 条		
	3	卷材防水层的铺贴	第 6.2.15 条		
	4	排汽道	第 6.2.16 条		

施工单位检查评定结果	项目专业质量检查员： 年 月 日
监理(建设)单位验收结论	监理工程师(建设单位项目专业技术负责人)： 年 月 日

表 6-8 涂膜防水层检验批质量验收记录表
GB 50207—2012

040302□□

工程名称			分项工程名称			验收部位	
施工单位				专业工长		项目经理	
施工执行标准名称及编号							
分包单位			分包项目经理			施工班组长	
		施工质量验收规范的规定			施工单位检查评定记录		监理(建设)单位验收记录
主控项目	1	材料质量		设计要求			
	2	涂膜防水层		第6.3.5条			
	3	防水构造		设计要求			
	4	涂膜防水层厚度		设计要求			
一般项目	1	涂膜防水层与基层粘结		第6.3.8条			
	2	涂膜防水层的收头		第6.3.9条			
	3	铺贴胎体增强材料		第6.3.10条			
施工单位检查评定结果			项目专业质量检查员： 年 月 日				
监理(建设)单位验收结论			监理工程师(建设单位项目专业技术负责人)： 年 月 日				

表 6-9 复合防水层检验批质量验收记录表
GB 50207—2012

040303□□

工程名称		分项工程名称			验收部位	
施工单位			专业工长		项目经理	
施工执行标准名称及编号						
分包单位		分包项目经理			施工班组长	
		施工质量验收规范的规定		施工单位检查评定记录		监理(建设)单位验收记录
主控项目	1	材料质量	设计要求			
	2	复合防水层	第6.4.5条			
	3	防水构造	设计要求			
一般项目	1	卷材与涂膜粘结	第6.4.7条			
	2	复合防水层总厚度	设计要求			
施工单位检查评定结果	项目专业质量检查员： 年 月 日					
监理(建设)单位验收结论	监理工程师(建设单位项目专业技术负责人)： 年 月 日					

表 6-10 金属板铺装检验批质量验收记录表
GB 50207—2012

040403□□

工程名称			分项工程名称		验收部位	
施工单位				专业工长	项目经理	
施工执行标准名称及编号						
分包单位			分包项目经理		施工班组长	

		施工质量验收规范的规定		施工单位检查评定记录	监理(建设)单位验收记录
主控项目	1	材料质量	设计要求		
	2	金属板屋面不得渗漏	第7.4.7条		
一般项目	1	金属板铺装	设计要求		
	2	压型金属板的咬口锁边连接	第7.4.9条		
	3	压型金属板的紧固件连接	第7.4.10条		
	4	金属面绝热夹芯板搭接	第7.4.11条		
	5	金属板的屋脊、檐口、泛水	第7.4.12条		
	6	金属板铺装允许偏差/mm	檐口与屋脊的平行度	15 mm	
			金属板对屋脊的垂直度	单坡长度的1/800，且≤25	
			金属板咬缝的平整度	10 mm	
			檐口相邻两板的端部错位	6 mm	
			金属板铺装的有关尺寸	设计要求	

施工单位检查评定结果	项目专业质量检查员： 年 月 日
监理(建设)单位验收结论	监理工程师(建设单位项目专业技术负责人)： 年 月 日

表 6-11 变形缝检验批质量验收记录表
GB 50207—2012

040505□□

工程名称			分项工程名称			验收部位	
施工单位			专业工长			项目经理	
施工执行标准名称及编号							
分包单位			分包项目经理			施工班组长	
		施工质量验收规范的规定		施工单位检查评定记录		监理(建设)单位验收记录	
主控项目	1	防水构造	设计要求				
	2	变形缝	第8.6.2条				
一般项目	1	变形缝的泛水高度	设计要求				
	2	附加层铺设	设计要求				
	3	防水层铺贴	第8.6.4条				
	4	等高变形缝	第8.6.5条				
	5	高低跨变形缝	第8.6.6条				
施工单位检查评定结果		项目专业质量检查员: 年 月 日					
监理(建设)单位验收结论		监理工程师(建设单位项目专业技术负责人): 年 月 日					

职业技能实际训练

训练 1 编制"防水涂料试验报告",见表 6-12.

表6-12 防水涂料试验报告
GB 19250—2013

编　　　号：×××
试验编号：××-0144
委托编号：××-01756

工程名称及部位	××工程1～4层厕浴间,地下室积水坑		试件编号	001	
委托单位	××建筑工程公司		试验委托人	×××	
种类、型号	聚氨酯防水涂料1:1.5		生产厂家	××防水材料厂	
代表数量	300 kg	来样日期	××年×月×日	试验日期	××年×月×日
试验结果	一、延伸性	/			mm
	二、拉伸强度	3.83			MPa
	三、断裂伸长率	556			%
	四、粘结性	0.7			MPa
	五、耐热度	温度/℃	110	评定	合格
	六、不透水性	恒压0.3 MPa下持续30 min不透水,合格			
	七、柔韧性(低温)	温度/℃	-30	评定	2 h无裂纹,合格
	八、固体含量	95.5			%
	九、其他	有见证试验			

结论：

依据《聚氨酯防水涂料》(GB/T 19250—2013)规定,符合聚氨酯防水涂料合格品要求。

批准	×××	审核	×××	试验	×××
试验单位	××建筑工程公司试验室				
报告日期	××年×月×日				

注：本表由试验单位提供,建设单位、施工单位各保存一份。

训练 2 编制"防水卷材试验报告",见表 6-13。

表 6-13 防水卷材试验报告
GB 18242—2008

编　号：　×××
试验编号：××—0096
委托编号：××—10476

工程名称及部位	××工程地下室底板、外墙防水层		试件编号	004	
委托单位	××建筑工程公司		试验委托人	×××	
种类、等级、牌号	弹性体沥青防水卷材Ⅰ类复合胎		生产厂家	××防水材料有限公司	
代表数量	250 卷	来样日期	××年×月×日	试验日期	××年×月×日
试验结果	一、拉力试验	1. 拉力	纵	536.0 N	横	510.0 N
		2. 拉伸强度	纵	7 MPa	横	7 MPa
	二、断裂伸长率(延伸率)		纵	9.6%	横	9.4%
	三、耐热度	温度/℃		评定		
	四、不透水性	恒压 0.2 MPa 下持续 30 min 不透水,合格				
	五、柔韧性(低温柔性、低温弯折性)	温度/℃	−15	评定	合格	
	六、其他	有见证试验				

结论:

依据《弹性体改性沥青防水卷材》(GB 18242—2008)规定,符合Ⅰ类复合胎弹性体沥青防水卷材质量标准。

批准	×××	审核	×××	试验	×××
试验单位	××建筑工程公司试验室				
报告日期	××年×月×日				

注:本表由试验单位提供,建设单位、施工单位各保存一份。

训练3 编制"保护层检验批质量验收记录表",见表6-14。

表6-14 保护层检验批质量验收记录表

GB 50207—2012　　　　　　　　　　　　　　　　　　　　　　040105□□

工程名称	××工程	分项工程名称	保护层	验收部位	水泥砂浆保护层
施工单位	××建筑工程公司	专业工长	×××	项目经理	×××
施工执行标准名称及编号	《屋面工程施工工艺标准》(QB×××—20××)				
分包单位	/	分包项目经理	/	施工班组长	×××

		施工质量验收规范的规定		施工单位检查评定记录		监理(建设)单位验收记录
主控项目	1	材料质量及配合比		设计要求	符合设计要求	同意验收
	2	保护层强度等级		设计要求	符合设计要求	
	3	保护层的排水坡度		设计要求	符合设计要求	
一般项目	1	块体材料保护层表面		第4.5.9条	√	同意验收
	2	水泥砂浆、细石混凝土保护层		第4.5.10条	√	
	3	浅色涂料与防水层粘结		第4.5.11条	√	
	4	保温层厚度允许偏差	表面平整度	4 mm	2 1 3 2 2 1 4	
			缝格平直	3 mm	3 2 1 1 1 2 1 2 2 1	
			接缝高低差	1.5 mm		
			板块间隙宽度	2.0 mm		
			保护层厚度	设计厚度的10%,且≤5 mm	3 2 1 3 2 2 1 4	

施工单位检查评定结果	主控项目全部合格,一般项目满足规范规定要求,检查评定结果合格。 项目专业质量检查员:×××　　　　　××年　×月　×日
监理(建设)单位验收结论	同意验收。 监理工程师(建设单位项目专业技术负责人):××× 　　　　　　　　　　　　　　　　　××年　×月　×日

实训 7　建筑装饰装修分部工程资料

第一节　建筑装饰装修分部工程中分项工程、检验批的划分

《建筑工程资料管理规程》(JGJ/T 185—2009)对工程的装饰装修分部工程进行了分项工程和检验批的划分，见表 7-1。

表 7-1　装饰装修工程分项工程、检验批划分

分部工程代号	分部工程名称	子分部工程代号	子分部工程名称	分项工程名称	备注
03	建筑装饰装修	01	地面	整体面层：基层，水泥混凝土面层，水泥砂浆面层，水磨石面层，防油渗面层，水泥钢(铁)屑面层，不发火(防爆的)面层； 板块面层：基层，砖面层(陶瓷马赛克、缸砖、陶瓷地砖和水泥花砖面层)，大理石面层和花岗石面层，预制板块面层(预制水泥混凝土、水磨石板块面层)，料石面层(条石、块石面层)，塑料板面层，活动地板面层，地毯面层； 木竹面层：基层，实木地板面层(条材、块材面层)，实木复合地板面层(条材，块材面层)，中密度(强化)复合地板面层(条材面层)，竹地板面层	
		02	抹灰	一般抹灰，装饰抹灰，清水砌体勾缝	
		03	门窗	木门窗制作与安装，金属门窗安装，塑料门窗安装，特种门安装，门窗玻璃安装	
		04	吊顶	暗龙骨吊顶，明龙骨吊顶	
		05	轻质隔墙	板材隔墙，骨架隔墙，活动隔墙，玻璃隔墙	
		06	饰面板(砖)	饰面板安装，饰面砖粘贴	
		07	幕墙	玻璃幕墙，金属幕墙，石材幕墙	单独组卷
		08	涂饰	水性涂料涂饰，溶剂型涂料涂饰，美术涂饰	
		09	裱糊与软包	裱糊，软包	
		10	细部	橱柜制作与安装，窗帘盒、窗台板和暖气罩制作与安装，门窗套制作与安装，护栏和扶手制作与安装，花饰制作与安装	

第二节 建筑装饰装修分部工程资料填写

实训引言

建筑装饰装修分部工程资料主要包括施工管理资料、施工技术资料、进度造价资料、施工物资资料、施工记录、施工试验记录、施工质量验收记录和竣工验收资料等（表7-2）。

表7-2 建筑装饰装修分部工程主要通用资料

序号	施工文件	提供单位	备注
一	图纸会审、设计变更、洽商记录		
1	图纸会审记录	施工单位	参见表 C.2.4
2	设计变更通知单	施工单位	参见表 C.2.5
3	工程洽商记录（技术核定单）	施工单位	参见表 C.2.6
二	原材料出厂合格证及进场检(试)验报告		
1	材料、构配件进场检验记录	施工单位	参见表 C.4.1
2	门、窗性能检测报告	供应单位	
3	吊顶材料性能检测报告	供应单位	
4	饰面板材性能检测报告	供应单位	
5	饰面石材性能检测报告	供应单位	
6	饰面砖性能检测报告	供应单位	
7	涂料性能检测报告	供应单位	
8	玻璃性能检测报告	供应单位	
9	壁纸、墙饰防火、阻燃性能检测报告	供应单位	
10	装修用粘结剂性能检测报告	供应单位	
11	隔声/隔热/阻热/防潮材料特殊性能检测报告	供应单位	
12	幕墙性能检测报告	供应单位	
13	幕墙用硅酮结构胶检测报告	供应单位	
14	幕墙用玻璃性能检测报告	供应单位	
15	幕墙用石材性能检测报告	供应单位	
16	幕墙用金属板性能检测报告	供应单位	
17	材料污染物含量检测报告	供应单位	
18	钢材试验报告	检测单位	参见表 4-4
19	水泥试验报告	检测单位	参见表 4-5
20	砂试验报告	检测单位	参见表 4-6

续表

序号	施工文件	提供单位	备注
21	碎(卵)石试验报告	检测单位	参见表4-7
22	轻骨料试验报告	检测单位	参见表4-8
23	装饰装修用门窗复试报告	检测单位	
24	装饰装修用人造木板复试报告	检测单位	
25	装饰装修用花岗石复试报告	检测单位	
26	装饰装修用安全玻璃复试报告	检测单位	
27	装饰装修用外墙面砖复试报告	检测单位	
28	幕墙用铝塑板、石材、玻璃、结构胶复试报告	检测单位	
三	施工试验报告及见证检测报告		
1	见证取样和送检见证人备案书	监理单位	
2	砂浆配合比申请单	施工单位	参见表4-16
3	砂浆配合比通知单	检测单位	参见表4-17
4	砂浆抗压强度试验报告	检测单位	参见表4-18
5	砌筑砂浆试块强度统计、评定记录	施工单位	参见表C.6.5
6	混凝土配合比申请单	施工单位	参见表4-19
7	混凝土配合比通知单	施工单位	参见表4-20
8	混凝土抗压强度试验报告	检测单位	参见表4-21
9	混凝土试块强度统计、评定记录	施工单位	参见表C.6.6
10	幕墙双组分硅酮结构密封胶混匀性及拉断试验报告	检测单位	
11	幕墙的抗风压性能、空气渗透性能、雨水渗透性能及平面内变形性能检测报告	检测单位	
12	外墙饰面砖样板粘结强度试验报告	检测单位	表7-3
13	后置埋件抗拔试验报告	检测单位	
14	外门窗的抗风压性能、空气渗透性能和雨水渗透性能检测报告	检测单位	
15	墙体节能工程保温板材与基层粘结强度现场拉拔试验	检测单位	
16	外墙保温浆料同条件养护试验报告	检测单位	
17	围护结构现场实体检验	检测单位	
18	室内环境检测报告	检测单位	
19	节能性能检测报告	检测单位	
四	隐蔽工程验收记录		
1	门窗工程隐蔽工程验收记录	施工单位	参见表C.5.1
2	楼梯栏杆安装隐蔽工程验收记录	施工单位	参见表C.5.1
3	吊顶安装隐蔽工程验收记录	施工单位	参见表C.5.1
五	施工记录		

续表

序号	施工文件	提供单位	备注
1	混凝土浇灌申请书	施工单位	参见表 4-25
2	预拌混凝土运输单(正本)	施工单位	参见表 4-26
3	预拌混凝土运输单(副本)	施工单位	参见表 4-27
4	混凝土拆模申请单	施工单位	参见表 4-29
5	幕墙淋水检查记录	施工单位	表 7-4
6	幕墙注胶检查记录	施工单位	
7	幕墙打胶养护环境的温度、湿度记录	施工单位	表 7-5
六	预制构件、预拌混凝土合格证		
1	混凝土预制构件出厂合格证	供应单位	参见表 4-30
2	预拌混凝土出厂合格证	供应单位	参见表 4-31
七	建筑装饰装修检验及抽样检测资料		
1	混凝土同条件试块强度统计评定及混凝土同条件试块强度报告	施工单位	
2	结构实体钢筋保护层厚度检验记录	施工单位	参见表 C.6.8
八	建筑装饰装修分项、分部工程质量验收记录		
1	地面工程		
(1)	基土垫层检验批质量验收记录表(Ⅰ)	施工单位	
(2)	灰土垫层检验批质量验收记录表(Ⅱ)	施工单位	
(3)	砂垫层和砂石垫层检验批质量验收记录表(Ⅲ)	施工单位	
(4)	碎石垫层和碎砖垫层检验批质量验收记录表(Ⅳ)	施工单位	
(5)	三合土垫层和四合土垫层检验批质量验收记录表(Ⅴ)	施工单位	
(6)	炉渣垫层检验批质量验收记录表(Ⅵ)	施工单位	
(7)	水泥混凝土垫层和陶粒混凝土垫层检验批质量验收记录表(Ⅶ)	施工单位	
(8)	找平层检验批质量验收记录表(Ⅷ)	施工单位	
(9)	隔离层检验批质量验收记录表(Ⅸ)	施工单位	
(10)	填充层检验批质量验收记录表(Ⅹ)	施工单位	
(11)	绝热层检验批质量验收记录表(Ⅺ)	施工单位	表 7-6
(12)	水泥混凝土面层检验批质量验收记录表(Ⅰ)	施工单位	
(13)	水泥砂浆面层检验批质量验收记录表(Ⅱ)	施工单位	
(14)	水磨石面层检验批质量验收记录表	施工单位	
(15)	硬化耐磨面层检验批质量验收记录表	施工单位	表 7-7
(16)	防油渗面层检验批质量验收记录表	施工单位	
(17)	不发火(防爆)面层工程检验批质量验收记录表	施工单位	
(18)	自流平面层检验批质量验收记录表	施工单位	表 7-8
(19)	涂料面层检验批质量验收记录表	施工单位	表 7-9

续表

序号	施工文件	提供单位	备注
(20)	塑胶面层检验批质量验收记录表	施工单位	表 7-10
(21)	地面辐射供暖的整体面层检验批质量验收记录表	施工单位	
(22)	砖面层检验批质量验收记录表	施工单位	
(23)	大理石和花岗石面层检验批质量验收记录表	施工单位	
(24)	预制板块面层检验批质量验收记录表	施工单位	
(25)	料石面层检验批质量验收记录表	施工单位	
(26)	塑料板面层检验批质量验收记录表	施工单位	
(27)	活动地板面层检验批质量验收记录表	施工单位	
(28)	金属板面层检验批质量验收记录表	施工单位	表 7-11
(29)	地毯面层检验批质量验收记录表	施工单位	
(30)	地面辐射供暖的板块面层检验批质量验收记录表	施工单位	
(31)	实木地板、实木集成地板、竹地板面层检验批质量验收记录表	施工单位	
(32)	实木复合地板面层检验批质量验收记录表	施工单位	
(33)	浸渍纸层压木质地板面层检验批质量验收记录表	施工单位	表 7-12
(34)	软木类地板面层检验批质量验收记录表	施工单位	表 7-13
(35)	地面辐射供暖的木板面层检验批质量验收记录表	施工单位	
2	抹灰工程	施工单位	
(1)	一般抹灰工程检验批质量验收记录表	施工单位	
(2)	装饰抹灰工程检验批质量验收记录表	施工单位	
(3)	清水砌体勾缝工程检验批质量验收记录表	施工单位	
3	门窗工程	施工单位	
(1)	木门窗制作、安装工程检验批质量验收记录表	施工单位	
(2)	金属门窗安装工程检验批质量验收记录表	施工单位	
(3)	塑料门窗安装工程检验批质量验收记录表	施工单位	
(4)	特种门安装工程检验批质量验收记录表	施工单位	
(5)	门窗玻璃安装工程检验批质量验收记录表	施工单位	
4	吊顶工程	施工单位	
(1)	暗龙骨吊顶工程检验批质量验收记录表	施工单位	
(2)	明龙骨吊顶工程检验批质量验收记录表	施工单位	
5	轻质隔墙工程	施工单位	
(1)	板材隔墙工程检验批质量验收记录表	施工单位	
(2)	骨架隔墙工程检验批质量验收记录表	施工单位	
(3)	活动隔墙工程检验批质量验收记录表	施工单位	
(4)	玻璃隔墙工程检验批质量验收记录表	施工单位	
6	饰面工程		

续表

序号	施工文件	提供单位	备注
(1)	饰面板安装工程检验批质量验收记录表	施工单位	
(2)	饰面砖粘贴工程检验批质量验收记录表	施工单位	
7	幕墙工程		
(1)	玻璃幕墙工程检验批质量验收记录表	施工单位	
(2)	金属幕墙工程检验批质量验收记录表	施工单位	
(3)	石材幕墙工程检验批质量验收记录表	施工单位	
8	涂饰工程		
(1)	水性涂料涂饰工程检验批质量验收记录表	施工单位	
(2)	溶剂型涂料涂饰工程检验批质量验收记录表	施工单位	
(3)	美术涂饰工程检验批质量验收记录表	施工单位	
9	裱糊与软包工程		
(1)	裱糊工程检验批质量验收记录表	施工单位	
(2)	软包工程检验批质量验收记录表	施工单位	
10	细部工程		
(1)	橱柜制作与安装工程检验批质量验收记录表	施工单位	
(2)	窗帘盒、窗台板和散热器罩制作与安装工程检验批质量验收记录表	施工单位	
(3)	门窗套制作与安装工程检验批质量验收记录表	施工单位	
(4)	护栏和扶手制作与安装工程检验批质量验收记录表	施工单位	
(5)	花饰制作与安装工程检验批质量验收记录表	施工单位	
九	工程质量事故及事故调查处理资料	调查单位	

实训内容及要求

(一)原材料出厂合格证及进场检(试)验报告

装饰装修工程采用的主要原材料、半成品、成品、构配件等,必须有供应部门和厂方提供的出厂质量证明文件。物资进场后,由项目物资部组织进场验收,填写"材料进场检验记录",凡涉及安全、功能的有关产品,应按照现行标准规范规定,进行复验或有见证取样送检,合格后填报"工程物资进场报验表"向监理单位进行材料报验,报验通过后方可正式使用。

(二)施工试验报告及见证检测报告

外墙饰面砖粘贴前和施工过程中,应在相同基层上做样板件,并对样板件的饰面砖粘结强度进行检验,填写"外墙饰面砖样板粘结强度试验报告",详见表7-3。检验方法和结果判定应符合相关标准规定。

表 7-3 外墙饰面砖样板粘结强度试验报告

编　　号：_____
试验编号：_____
委托编号：_____

工程名称				试验编号	
委托单位				试验委托人	
饰面砖品种及牌号				粘贴层次	
饰面砖生产厂及规格				粘贴面积/mm²	
基本材料		粘结材料		粘结剂	
抽样部位		龄期/d		施工日期	
检验类型		环境温度/℃		试验日期	
仪器及编号					

序号	试件尺寸/mm		受力面积/mm²	拉力/kN	粘贴强度/MPa	破坏状态（序号）	平均强度/MPa
	长	宽					

结论：

批准		审核		试验	
试验单位					
报告日期					

粘结强度合格评定标准

(三)隐蔽工程验收记录

"幕墙淋水检查记录"见表 7-4,"幕墙打胶养护环境的温度、湿度记录"见表 7-5。

表 7-4 幕墙淋水检查记录

编号:_____

工程名称			检查日期		
检查部位			淋水时间	从___年_月_日_时 至___年_月_日_时	
检查方式及内容:					
检查结果:					
复查意见:					
			复查人:	复查日期: 年 月 日	
签字栏	建设(监理)单位	施工单位			
		专业技术负责人	专业质检员	专业工长	

注:本表由施工单位填写,建设单位、施工单位各保存一份。

表 7-5 幕墙打胶养护环境的温度、湿度记录

工程名称			工程部位			施工单位			
测温时间			养护记录			测温时间		养护记录	
月	日	时	大气温度/℃	环境温度/℃	湿度/%	月	日	时	大气温度/℃	环境温度/℃	湿度/%
专业技术负责人			专业工长			测温员			资料员		

(四)建筑装饰装修分项、分部工程质量验收记录

建筑装饰装修工程分项、分部工程质量验收记录主要由地面工程和装饰装修工程两大部分组成。由于篇幅有限,本书只列举《建筑地面工程施工质量验收规范》(GB 50209—2010)有关建筑地面工程中新增项目的质量验收记录,详见表7-6~表7-13。

表7-6 绝热层检验批质量验收记录表
GB 50209—2010

040505□□

工程名称				分项工程名称				验收部位		
施工单位				专业工长				项目经理		
施工执行标准名称及编号										
分包单位				分包项目经理				施工班组长		
施工质量验收规范的规定					施工单位检查评定记录				监理(建设)单位验收记录	
主控项目	1	材料质量		设计要求						
	2	材料复验		第4.12.11条						
	3	板块材料铺设		第4.12.12条						
一般项目	1	绝热层厚度		设计要求						
	2	绝热层表面		无开裂						
	3	铺设允许偏差	表面平整度	5 mm						
			标高	±8 mm						
			坡度	2/1 000,且≤30 mm						
			厚度	<1/10,且≤20 mm						
施工单位检查评定结果				项目专业质量检查员: 年 月 日						
监理(建设)单位验收结论				监理工程师(建设单位项目专业技术负责人): 年 月 日						

表 7-7 硬化耐磨面层检验批质量验收记录表
GB 50209—2010

030103□□

工程名称			分项工程名称				验收部位	
施工单位				专业工长			项目经理	
施工执行标准名称及编号								
分包单位			分包项目经理				施工班组长	

		施工质量验收规范的规定		施工单位检查评定记录	监理(建设)单位验收记录
主控项目	1	材料质量	设计要求		
	2	拌和料要求	第5.5.10条		
	3	面层厚度、强度要求、耐磨性能	设计要求		
	4	面层与基层(下一层)结合	牢固,无空鼓、无裂纹		
一般项目	1	面层表面坡度	设计要求		
	2	面层表面质量	第5.5.14		
	3	踢脚线	第5.5.15		
	4	允许偏差	表面平整度	4 mm		
	5		踢脚线上口平直	4 mm		
	6		缝格平直	3 mm		

施工单位检查评定结果	项目专业质量检查员: 年 月 日
监理(建设)单位验收结论	监理工程师(建设单位项目专业技术负责人): 年 月 日

表 7-8 自流平面层检验批质量验收记录表
GB 50209—2010

030103□□

工程名称				分项工程名称					验收部位				
施工单位				专业工长					项目经理				
施工执行标准名称及编号													
分包单位				分包项目经理					施工班组长				
施工质量验收规范的规定					施工单位检查评定记录								监理(建设)单位验收记录
主控项目	1	材料质量		设计要求									
	2	面层涂料检测		第5.8.7条									
	3	基层强度等级		不应低于C20									
	4	各构造层之间粘结		第5.8.9条									
	5	面层表面要求		第5.8.10条									
一般项目	1	面层找平施工		第5.8.11条									
	2	面层质量		第5.8.12条									
	3	允许偏差	表面平整度	2 mm										同意验收
	4		踢脚线上口平直	3 mm										
	5		缝格平直	2 mm										

施工单位检查评定结果	项目专业质量检查员: 年 月 日
监理(建设)单位验收结论	监理工程师(建设单位项目专业技术负责人): 年 月 日

表 7-9 涂料面层检验批质量验收记录表
GB 50209—2010

030103□□

工程名称		分项工程名称			验收部位	
施工单位			专业工长		项目经理	
施工执行标准名称及编号						
分包单位		分包项目经理			施工班组长	

		施工质量验收规范的规定		施工单位检查评定记录	监理(建设)单位验收记录
主控项目	1	涂料质量	设计要求		
	2	涂料检测	第5.9.5条		
	3	面层表面要求	第5.9.6条		
一般项目	1	涂料找平层要求	第5.9.7条		
	2	涂料面层质量	第5.9.8条		
	3	楼梯、台阶踏步的宽度和高度	第5.9.9条		
	4	允许偏差 表面平整度	2 mm		
	5	踢脚线上口平直	3 mm		
	6	缝格平直	2 mm		

施工单位检查评定结果	项目专业质量检查员： 年 月 日
监理(建设)单位验收结论	监理工程师(建设单位项目专业技术负责人)： 年 月 日

表 7-10 塑胶面层检验批质量验收记录表
GB 50209—2010

030103□□

工程名称			分项工程名称			验收部位	
施工单位				专业工长		项目经理	
施工执行标准名称及编号							
分包单位			分包项目经理			施工班组长	

施工质量验收规范的规定				施工单位检查评定记录	监理(建设)单位验收记录
主控项目	1	材料质量	设计要求		
	2	面层配合比	设计要求		
	3	现浇型塑胶面层与基层粘结	第5.10.6条		
一般项目	1	各组合层厚度、坡度、表面平整度	设计要求		
	2	塑胶面层表面质量	第5.10.8条		
	3	塑胶卷材面层焊缝	第5.10.9条		
	4	允许偏差 表面平整度	2 mm		
	5	踢脚线上口平直	3 mm		
	6	缝格平直	2 mm		

施工单位检查评定结果	项目专业质量检查员： 年 月 日
监理(建设)单位验收结论	监理工程师(建设单位项目专业技术负责人)： 年 月 日

表 7-11　金属板面层检验批质量验收记录表
GB 50209—2010

030103□□

工程名称			分项工程名称			验收部位	
施工单位			专业工长			项目经理	
施工执行标准名称及编号							
分包单位			分包项目经理			施工班组长	
		施工质量验收规范的规定			施工单位检查评定记录		监理(建设)单位验收记录
主控项目	1	金属板		设计要求			
	2	面层与基层的固定方法、面层的接缝处理		设计要求			
	3	面层及其附件焊缝质量		第 6.8.8 条			
	4	面层与基层的结合		牢固、无翘边、松动、空鼓等			
一般项目	1	金属板表面质量		第 6.8.10 条			
	2	金属板面层		第 6.8.11 条			
	3	镶边用料及尺寸		设计要求			
	4	踢脚线表面与柱、墙面的结合		第 6.8.13 条			
	5	允许偏差	表面平整数	1.0 mm			
	6		缝格平直	2.0 mm			
	7		接缝高低差	0.5 mm			
	8		踢脚线上口平直	1.0 mm			
	9		板块间隙宽度	1.0 mm			

施工单位检查评定结果	项目专业质量检查员： 年 月 日
监理(建设)单位验收结论	监理工程师(建设单位项目专业技术负责人)： 年 月 日

表 7-12 浸渍纸层压木质地板面层检验批质量验收记录表

GB 50209—2010

030116□□

工程名称				分项工程名称						验收部位			
施工单位				专业工长						项目经理			
施工执行标准名称及编号													
分包单位				分包项目经理						施工班组长			
		施工质量验收规范的规定				施工单位检查评定记录							监理(建设)单位验收记录
主控项目	1	材料质量		设计要求									
	2	材料检测		第7.4.6条									
	3	木搁栅、垫木和垫层地板处理与安装		第7.4.7条									
	4	面层铺设		牢固、平整									
一般项目	1	面层外观质量		第7.4.9条									
	2	面层接头		第7.4.10条									
	3	踢脚线		第7.4.11条									
	4	面层允许偏差	板面隙宽度	0.5 mm									
	5		表面平整度	2.0 mm									
	6		踢脚线上口平齐	3.0 mm									
	7		板面拼缝平直	3.0 mm									
	8		相邻板材高差	0.5 mm									
	9		踢脚线与面层接缝	1.0 mm									

施工单位检查评定结果	项目专业质量检查员： 年 月 日
监理(建设)单位验收结论	监理工程师(建设单位项目专业技术负责人)： 年 月 日

表 7-13 软木类地板面层检验批质量验收记录表
GB 50209—2010

030116□□

工程名称		分项工程名称			验收部位		
施工单位			专业工长		项目经理		
施工执行标准名称及编号							
分包单位		分包项目经理			施工班组长		

		施工质量验收规范的规定		施工单位检查评定记录	监理(建设)单位验收记录
主控项目	1	材料质量	设计要求		
	2	材料检测	第7.5.6条		
	3	木搁栅、垫木和垫层地板处理与安装	第7.5.7条		
	4	面层铺设	第7.5.8条		
一般项目	1	面层外观质量	第7.5.9条		
	2	面层接头	第7.5.10条		
	3	踢脚线	第7.5.11条		
	4	面层允许偏差 板面隙宽度	0.5 mm		
	5	表面平整度	2.0 mm		
	6	踢脚线上口平齐	3.0 mm		
	7	板面拼缝平直	3.0 mm		
	8	相邻板材高差	0.5 mm		
	9	踢脚线与面层接缝	1.0 mm		

施工单位检查评定结果	
	项目专业质量检查员: 年 月 日

监理(建设)单位验收结论	
	监理工程师(建设单位项目专业技术负责人): 年 月 日

职业技能实际训练

训练 1 编制"外墙饰面砖样板粘结强度试验报告",见表 7-14。

表 7-14 外墙饰面砖样板粘结强度试验报告

编　　号：_____
试验编号：_____
委托编号：_____

工程名称		×××工程		试验编号		××-001
委托单位		×××供电局		试验委托人		×××
饰面砖品种及牌号		彩色釉面陶瓷墙砖 ××牌		粘贴层次		
饰面砖生产厂及规格		××厂 100 mm×100 mm		粘贴面积 /mm²		300
基本材料		粘结材料	砂浆	粘结剂		/
抽样部位		二层东侧外墙	龄期/d	28	施工日期	××年×月×日
检验类型			环境温度/℃	19	试验日期	××年×月×日
仪器及编号				×××		

序号	试件尺寸/mm		受力面积 /mm²	拉力 /kN	粘贴强度 /MPa	破坏状态 (序号)	平均强度 /MPa
	长	宽					
1	100	100	10000	50	4.9		
2	100	100	10000	50	5.3		5.10
3	100	100	10000	50	5.1		

结论:

依据《建筑工程饰面砖粘结强度检验标准》(JGJ 110—2017)规定,符合饰面砖粘结强度要求。

批准	×××	审核	×××	试验	×××
试验单位		××工程公司试验室			
报告日期		××年×月×日			

训练 2 编制"绝热层检验批质量验收记录表",见表 7-15。

表 7-15 绝热层检验批质量验收记录表
GB 50209—2010

040505□□

工程名称	××工程	分项工程名称	基层铺设	验收部位	绝热层
施工单位	××建筑工程公司	专业工长	×××	项目经理	×××
施工执行标准名称及编号	《屋面工程施工工艺标准》(QB×××—20××)				
分包单位	/	分包项目经理	/	施工班组长	×××

		施工质量验收规范的规定									监理(建设)单位验收记录
				施工单位检查评定记录							
主控项目	1	材料质量	设计要求	√							同意验收
	2	材料复验	第4.12.11条	√							
	3	板块材料铺设	第4.12.12条	√							
一般项目	1	绝热层厚度	设计要求	√							同意验收
	2	绝热层表面	无开裂	√							
	3 铺设允许偏差	表面平整度	4 mm	3	4	5	2	3	4		
		标高	±4 mm	+5	−6	−3	+5	−7	+8	+6 +5 +5	
		坡度	2/1 000,且≤30 mm	18	22	25	19	27	26		
		厚度	<1/10,且≤20 mm	11	15	20	16	14			

施工单位检查评定结果	主控项目全部合格,一般项目满足规范规定要求,检查评定结果为合格。 项目专业质量检查员:××× 　　　　　　　　　　　　　　　　　　　　　××年　×月　×日
监理(建设)单位验收结论	同意验收。 监理工程师(建设单位项目专业技术负责人):××× 　　　　　　　　　　　　　　　　　　　　　××年　×月　×日

训练 3 编制"自流平面层检验批质量验收记录表",见表 7-16。

表 7-16 自流平面层检验批质量验收记录表
GB 50209—2010

030103□□

工程名称		××工程	分项工程名称	整体面层铺设						验收部位		×××
施工单位		××建筑工程公司		专业工长	×××					项目经理		×××
施工执行标准名称及编号		《建筑地面工程施工工艺标准》(QB×××—20××)										
分包单位		/	分包项目经理	/						施工班组长		×××
		施工质量验收规范的规定		施工单位检查评定记录								监理(建设)单位验收记录
主控项目	1	材料质量	设计要求	✓								同意验收
	2	面层涂料检测	第5.8.7条	✓								
	3	基层强度等级	不应低于C20	✓								
	4	各构造层之间粘结	第5.8.9条	✓								
	5	面层表面要求	第5.8.10条	✓								
一般项目	1	平面层找平施工	第5.8.11条	✓								同意验收
	2	面层质量	第5.8.12条	✓								
	3	允许偏差	表面平整度	2 mm	1	0	0	0	1	1		
	4		踢脚线上口平直	3 mm	2	1	1	1	2	1	1	0	2	1
	5		缝格平直	2 mm	1	0	1	0	1	1	2	1		

施工单位检查评定结果	主控项目全部合格,一般项目满足规范规定要求,检查评定结果为合格。 项目专业质量检查员:××× ××年　×月　×日
监理(建设)单位验收结论	同意验收。 监理工程师(建设单位项目专业技术负责人):××× ××年　×月　×日

训练 4 编制"浸渍纸层压木质地板面层检验批质量验收记录表",见表 7-17。

表 7-17 浸渍纸层压木质地板面层检验批质量验收记录表
GB 50209—2010

030116□□

工程名称	××工程	分项工程名称	木、竹面层铺设	验收部位	×××
施工单位	××建筑工程公司		专业工长	×××	项目经理	×××
施工执行标准名称及编号	《建筑地面工程施工工艺标准》(QB×××—20××)				
分包单位	/	分包项目经理	/	施工班组长	×××

		施工质量验收规范的规定		施工单位检查评定记录	监理(建设)单位验收记录
主控项目	1	材料质量	设计要求	√	同意验收
	2	材料检测	第 7.4.6 条	√	
	3	木搁栅、垫木和垫层地板处理与安装	第 7.4.7 条	√	
	4	面层铺设	牢固、平整	√	
一般项目	1	面层外观质量		第 7.4.9 条	√	同意验收
	2	面层接头		第 7.4.10 条	√	
	3	踢脚线		第 7.4.11 条	√	
	4	面层允许偏差	板面隙宽度	0.5 mm	0.1 0.3 0.1 0.2	
	5		表面平整度	2.0 mm	0.8 1.1 1.3 1.1 0.9 0.7 0.5 1.1 0.9 0.7	
	6		踢脚线上口平齐	3.0 mm	1.5 2.1 2.1 1.8 2.4 1.1	
	7		板面拼缝平直	3.0 mm	2.4 2.2 2.2 2.2 1.9	
	8		相邻板材高差	0.5 mm	0.2 0.1 0.3 0.1 0.4 0.2	
	9		踢脚线与面层接缝	1.0 mm	0.6 0.3 0.8 0.5 0.7 0.3	

施工单位检查评定结果	主控项目全部合格,一般项目满足规范规定要求,检查评定结果为合格。 项目专业质量检查员:××× ××年 ×月 ×日
监理(建设)单位验收结论	同意验收。 监理工程师(建设单位项目专业技术负责人):××× ××年 ×月 ×日

参考文献

[1] 梁鸿颉,赫璐. 建筑工程资料管理[M]. 北京:中国建材工业出版社,2016.
[2] 李红立,黎洪光. 建筑工程资料管理[M]. 广州:华南理工大学出版社,2015.
[3] 孙刚,刘志麟. 建筑工程资料管理[M]. 北京:北京大学出版社,2012.
[4] 张珍. 建筑工程资料管理[M]. 武汉:武汉理工大学出版社,2010.
[5] 刘亚臣,赵亮. 建筑工程资料管理[M]. 北京:化学工业出版社,2012.
[6] 谢咸颂,陈锦平. 建筑工程资料管理[M]. 北京:化学工业出版社,2009.
[7] 赵虹. 建筑工程资料管理[M]. 北京:北京理工大学出版社,2012.